박은수 변호사의
# 고령사회 법제 안내

나남
nanam

나남신서 2077

박은수 변호사의
고령사회 법제 안내

2021년 8월 25일 발행
2021년 8월 25일 1쇄

지은이      박은수
발행자      趙相浩
발행처      (주) 나남
주소        10881 경기도 파주시 회동길 193
전화        (031) 955-4601 (代)
FAX        (031) 955-4555
등록        제 1-71호 (1979.5.12)
홈페이지    http://www.nanam.net
전자우편    post@nanam.net

ISBN  978-89-300-4077-8
ISBN  978-89-300-8655-4(세트)

책값은 뒤표지에 있습니다.

사회복지학 총서 111

박은수 변호사의
# 고령사회 법제 안내

나남
nanam

# Guide to the Laws on Aged Society

*by*

Park, Eun Soo

**nanam**

# 머리말

위대한 위인의 말 한마디는 인생을 좌우하기도 합니다. 저는 고교시절 마주한 백범 김구 선생의 한마디를 가슴에 새기고 잊지 않으려고 노력했습니다.

"나는 우리나라가 세계에서 가장 아름다운 나라가 되기를 원한다. 가장 부강한 나라가 되기를 원하는 것은 아니다. 우리의 부력은 우리의 생활을 풍족히 할 만하고, 우리의 강력은 남의 침략을 막을 만하면 족하다. 오직 한없이 가지고 싶은 것은 높은 문화의 힘이다. 문화의 힘은 우리 자신을 행복하게 하고, 나아가 남에게 행복을 주기 때문이다."

이후 저는 "착하고 아름답게"를 제 인생의 신조로 삼았습니다. 어머니께서 늘 강조하시던 말씀도 착한 사람이 복 받는다는 것이었습니다. 변호사 시절에도 소송을 이기는 변호사보다 행복을 되찾아 주는 변호사가 되려고 노력했습니다. 저의 별칭은 '행복전문 변호사'였습니다.

아름다운 예술에서 느끼는 희열은 봄 나무의 이파리처럼 삶을 싱싱하게 합니다. 저는 기회 있을 때마다 예술의 현장에 참여하길 즐깁니다. 대구에 살던 때에도 좋은 공연과 콘서트를 보기 위해 새벽, 밤 운전을 마다하지 않고 서울의 공연장을 찾았습니다.

젊은 시절부터 김민기 님, 송창식 님, 전인권 님과 같은 분들과 동시대를 함께 산다는 사실에 감사했습니다. 김민기 님은 1994년부터 뮤지컬 〈지하철 1호선〉을 연출하여 18년간 4천 회를 공연하는 성공을 거두었습니다. 이 과정에서 극단 학전을 만들고 학전 소극장을 운영했습니다.

저는 학전소극장에서 김민기 님을 만나 소원을 말한 적이 있습니다. 지하에 있는 이 소극장에 저 같은 휠체어 장애인도 쉽게 접근할 수 있도록 엘리베이터를 설치하면 좋겠다는 것이었지요. 그는 너무 미안하다며 대신 업어 드리겠다고 말했습니다.

김민기 님과 이야기하면서 그의 삶의 철학도 차츰 알게 되었습니다. 그는 돈 되는 공연만 하다 보면 돈 안 되는 좋은 공연을 놓친다며 흥행작인 〈지하철 1호선〉을 스스로 접고 아이들의 정서를 건강하게 만드는 아동청소년극에 도전하고 있었습니다. 엘리베이터 설치를 누구보다 간절히 바라기도 했지요.

저는 이러한 문제를 해결하기 위해 법도 만들었고 실천도 해왔습니다. 이 책도 그 노력의 일환으로 준비해온 것입니다. 우리 사회에서 장애인 문제에 관심을 갖고 함께 고민하며 개선해 나갈 수 있는 날이 오길 기대합니다.

한 인터뷰에서 김민기 님은 뮤지컬 〈지하철 1호선〉에서 가장 중요한 대사는 "그래도 산다는 게 참 좋구나"라고 했습니다. 서울역 앞에서 포장마차를 하는 곰보할매가 시대를 견뎌내면서 삶을 긍정하는 말입니다.

김민기 님은 소외계층보다 뿌리계층이라는 표현을 사용하자고 주장합니다. 그들의 정서를 한, 서러움, 분노, 좌절 등으로 보는 것은 피상적 관찰이며, 실제로 깊이 어울려 보면 얼마나 익살스럽고 낙천적이며 긍정적인지 놀란다고 했습니다.

장애인도 그렇습니다. 우리는 한쪽 팔을 잃었다고 장애인이라고 하지 않습니다. 남은 팔에 감사하며, 그 팔로 할 수 있는 일을 찾아 힘을 낼 때 비로소 장애인이라 부릅니다. 장애인은 예상치 못한 비상한 능력을 가지고 있습니다. 이 비상한 능력이 기존 조직에 충격을 주어 창조력을 발휘하는 것을 우리는 다양성 충격이라고 합니다. 현대 조직은 다양성 관리 diversity management 를 창조력의 원천으로 봅니다. 이것은 저의 석사 논문 주제이기도 합니다.

노인도 마찬가지입니다. 20년간 억울한 옥살이를 했던 신영복 교수가 억울하지 않았냐는 물음에 "안 태어난 것보다는 낫지 않습니까?"라고 답했답니다. 우리는 초유의 길을 가고 있습니다. 치매로 침대에 하루 종일 누워 있는 분이 무슨 재미로 사시는지 짐작하기 어렵지만 안 태어난 것보다 행복하리라고 믿어야 합니다. 그분도 살아갈 가치가 있음을 깨달아야 합니다.

제가 막 변호사 일을 시작할 무렵 한 뇌병변장애인이 찾아와 상담한 적이 있습니다. 그는 손이 불편하여 필기가 불가능하고 컴퓨터 자판으로만 입력할 수 있는데 사법시험 2차는 논술형이라서 사법시험에 도전할 수 있을지 고민이라고 했습니다. 당시 시험 당국이 이러한 문제에 어떤 결론을 내리지 않은 때라서 확답할 수 없었지만, 저는 상식을 믿고 세상을 믿으라며 충분히 가능하다고 답한 바 있습니다. 한 가지 약속할 수 있는 것은 만약 안 되면 될 때까지 함께 싸우자는 것이었습니다.

노인 문제는 전문가가 적습니다. 저는 장애인들과 장애인단체가 이제 적극적으로 고령사회 준비에 나서야 한다고 생각합니다. 우리나라 장애인들과 장애인단체는 스스로 자립하고 단결하여 권리를 쟁취하고 확대한 경험을 가지고 있습니다.

우리가 맞이하는 노후도 삶의 일부이니 견뎌내면 된다고 저는 낙관합니다. 그래도 어려우면 세상을 믿고 함께 도전하면 됩니다. 거세게 몰려오는 고령사회는 자칫 두려움의 대상일 수 있지만, 문화와 예술의 힘으로 버티고 넘어설 수 있다고 봅니다.

나영석 PD의 프로그램에서 저는 많이 배우고 큰 즐거움도 맛보았습니다. 그가 만든 프로그램은 출연자에게 모든 것을 맡기고 순리대로 풀어갑니다. 억지가 없고 무리한 목표가 없지요. 〈지하철 1호선〉에 등장하는 인물들처럼 낙천적이고 긍정적입니다.

그동안 고령사회에 필요한 법제를 만들고 정비하느라 나름대로 수고했는데, 이제 더 많은 원군이 필요하다고 느껴 이 책을 출간하게 되었습니다.

율촌과 온율에서 시민을 위해 고령사회 법제를 준비하고 안내하고 고치는 일을 해왔습니다. 이런 소중한 일을 함께 해온 소순무, 김성우, 배광열, 전규해 변호사님께 감사의 마음을 전합니다. 온율에서 인턴십을 수행한 서울대 인문대학생 김문정, 김채현, 강원준, 세 분의 도움도 감사합니다. 한국후견협회에서 함께하는 후견제도 연구의 선구자 제철웅 한양대 교수님, 박인환 인하대 교수님, 정말 고맙습니다.

함께 늙어가며, 제가 하는 일을 다 좋아해 주는, 착하고 아름다운 아내, 경숙 님께 이 책을 선사하고 싶습니다. 저는 아내와 교대로 운전하면서 우리 산천을 누비며 뿌리계층이 살아가는 모습을 엿보는 여행을 큰 즐거움으로 삼고 있습니다. 여행을 다니면서 우리나라 곳곳의 집들이 얼마나 세련되게 바뀌었는지, 특색 있는 맛집의 솜씨가 얼마나 좋은지 감탄합니다.

마지막으로 저의 부족한 생각을 세상에 알리게 해주신 나남출판사에 깊이 감사드립니다.

2021년 8월
박 은 수

# 차
# 례

# 국민 PD 나영석 님께 드리는 제안서

## 1. 〈알쓸신잡〉과 함께 세상을 바꾸는 꿈

2017년 나영석 PD는 인문여행을 소재로 또 하나의 멋진 예능을 만들었습니다. 2007년 KBS 〈1박 2일〉을 시작으로 2013년 CJ ENM으로 옮겨 히트 행진을 이어가더니, 2017년 〈알아두면 쓸데없는 신비한 잡학사전〉(이하 〈알쓸신잡〉)이라는 긴 제목의 예능 프로그램을 선보였습니다.

〈알쓸신잡〉은 4명의 지식인 패널과 이들을 편안히 무장해제시키는 탁월한 MC 유희열 씨가 유유자적 여행하면서 수다 떠는 모습으로 시청자들에게 뜻밖의 재미와 교양을 선사했습니다. 우리나라 시청자들의 인문학에 대한 관심과 수용 수준이 높아졌음을 나 PD가 간파하고 흥미로운 프로그램으로 파고들었던 것이지요.

첫 여행지는 통영이었고, 대화 중에 이순신 장군이 등장했습니다. 김영하 작가의 코멘트입니다.

"이순신 장군에 대해 문학적으로 캐릭터 분석을 해봤어요. 우리는 왜 이순신을 사랑하는가? 영화나 드라마에서 사랑받는 캐릭터의 공통점은 첫째, 충분한 고통, 둘째, 분명한 목표, 셋째, 적어도 한 번의 기회입니다."

이순신 장군은 충분히 고통받았으며, 그 가운데 왜구로부터 나라를 지키겠다는 분명한 목표를 세웠고, 3도 수군을 지휘하는 기회도 얻었습니다. 만약에 그가 무과에 계속 떨어졌다면, 장군이 되지 못했더라면 어찌되었을까요? 그것은 비극이지요. 기회가 주어져야 우리는 그 인물을 열렬히 응원하게 되는 것입니다.

김영하 작가의 코멘트는 저를 후려치는 것 같았습니다. 제 인생도 어려서부터 소아마비 장애로 넘칠 만큼 고통받았고, 그러면서 장애인의 권리를 어떻게 지키고 신장할 것인지 고민하다가 일선 행정가와 입법가로서 기회를 얻었기 때문입니다.

1956년생인 저는 1957년 여름에 소아마비에 걸려 양다리를 못 쓰는 장애인이 되었습니다. 당시는 전쟁이 끝나고 4년째 되던 해로, 모든 것이 파괴되어 장애인의 생활환경이 열악한 형편이었습니다. 정부가 최소한의 관심이라도 보이는 장애인은 국가를 위해 몸을 바친 상이군인이었는데, 그들은 자신들이 받는 국가의 은전恩典을 소아마비 장애인들과 나누는 것을 경계했습니다.

장애인 법관 임용 탈락을 비판하는 당시 신문 기사 (〈중앙일보〉, 1982. 8. 25).

이 무렵에는 장애인이 되면 가족에게도 배제당하는 것이 현실이었습니다. 변호사나 의사 같은 지식인 부모조차 소아마비 자녀를 장애인 시설에 맡기는 사례가 종종 있었습니다. 자기 의지와 상관없이 시설에 수용된 장애인은 다시 사회에 복귀하기 어려웠습니다.

다행히 저는 어려움이 예상되었지만 가족의 일원으로 인정받아 부모님의 사랑 속에서 성장할 수 있었습니다. 제 인생의 가장 아찔한 순간이었지요. 부모님께서는 "열심히 공부해 사법고시에 합격하면 판사가 되어 주변의 존경을 받으며 살 수 있다"라고 늘

격려하셨고, 그 가르침을 따르는 저를 대견해 하셨습니다.

1980년 22회 사법시험에 합격하고 규정에 따라 2년간의 사법연수원 과정을 다 마친 후 예정대로 1982년 9월 1일 임관을 기다리던 때였습니다. 대법원이 연수생 140명 가운데 장애를 가진 4명에 대해 임관을 거부했다는 청천벽력 같은 소식이 전해졌습니다. 대법원의 인권감수성이 일반 시민의 그것에도 못 미쳐 일어난 치욕의 순간이었지요.

저에게는 충분하고도 넘치는 고통이었습니다. 당시 저는 대법원이 국민 대다수의 정서를 자극하는 잘못된 결정을 내렸음을 간파하고 국민과 함께 저항했습니다. 그것은 우리나라의 장애인 인권운동사에서 획기적 서막이 되었습니다.

이후 저는 '장애인 권리 확대'라는 분명한 목표를 지향했습니다. 장애인이 모든 생활영역에서 우리 사회의 동등한 구성원으로서 대우받도록 하는 데 힘을 보탰습니다. 다행히 저에게는 노동부 산하 한국장애인고용공단 이사장과 18대 국회의원으로 일할 수 있는 기회가 주어졌습니다. 저는 이 기회를 활용하여 힘껏 노력했고, 저의 목표를 달성하기 시작했습니다.

1950년대와 비교하면 오늘날 우리 사회는 천지가 개벽했다고 할 수 있을 정도로 달라졌습니다. 지체장애인 복지 분야는 거의 선진국 대열에 올랐습니다. 그러나 아직도 우리나라 시민들은 장애인을 평범한 이웃으로 받아들이기보다는 '함께하기에 불편하다', '불쌍한 존재다'라고 왜곡하여 인식하고 있습니다. 장애인이 모든 생활영역에서 실질적으로 동등한 구성원으로서 대접받고 있다고 말하기 어렵습니다.

이제 디테일한 측면까지 나아가야 합니다. 법제화나 기본 행정 구조는 이미 준비되었기 때문에 조금만 더 밀어붙이면 장애인들의 삶의 질이 확 달라질 수 있습니다.

Make the Right Real!

권리를 권리라고 선언하는 수준에 머물지 말고, 선언된 권리기 현실이 되었다고 실감하는 사회로 가야 합니다.

고령사회에 진입한 우리는 노인이나 장애인과 같은 사회적 약자의 생활환경 곳곳이 문제없이 잘 작동하도록 노력해야 합니다. 선진 복지사회로 나아가야 할 단계임을 새기고 모든 분야에서 세심하게 배려하는 자세가 필요합니다.

저는 약자의 권리를 제도적으로 보장하는 법제를 만드는 일을 성취한 경험이 여러 차례 있습니다. 그러나 법은 현실을 천천히 바꾸기 때문에 이 생에 현실이 변화할 수 있을까 하는 조바심이 나기도 합니다.

이러한 예민한 시대적 감수성을 가지고 〈알쓸신잡〉을 지켜보았습니다. 〈알쓸신잡〉은 이제 거대 담론의 시대가 막을 내리고 시민이 다양성을 존중받으며 개인의 일상을 즐기고 행복을 음미하는 시대가 되었다고 우리 사회의 발전을 찬미했습니다.

하지만 소수 약자에게 절실한 생활의 최저선 보장 같은 문제는 철저히 외면하는 한계를 보면서 안타까운 마음이 들었습니다. 이러한 문제에 조금이라도 관심을 보여 주었다면 프로그램의 인기를 넘어 사회의 작은 변화를 모색할 수 있었을 것입니다. 이러한 취지에서 저는 이 책을 쓰게 되었습니다.

이 책의 특징은 다음과 같습니다.

첫째, 사회적 약자인 노인과 장애인의 자립과 사회참여를 돕는 법제를 소개했습니다.

둘째, 당사자인 장애인이나 노인보다 일반 시민을 대상으로 삼았습니다.

셋째, 일반 시민이 이해하고 실천할 수 있도록 쉽게 풀어 썼습니다.

넷째, 노인과 장애인과 같은 사회적 약자의 권리에 관한 풍부한 전문성과 국정 경험을 바탕으로, 시민의 지지와 격려를 이끌어내기 위해 노력했습니다.

다섯째, 시민이라면 꼭 알아야 하는 상식과 익혀야 할 매너를 담았습니다.

여섯째, 나영석 PD가 예능 프로그램으로 승화시킬 수 있도록 흥미로운 주제를 실었습니다.

이 주제만으로 예능 프로그램 제작이 어려우면 일반 편 10편당 특별 편 1편을 만들어 균형 있는 편성이 이루어지도록 해야 합니다. 방송의 위력을 저는 믿습니다. 이 법제들은 묵혀 둘 것이 아니라 나영석 PD의 재능과 함께 바로 현실이 되어야 합니다. 나 PD의 주제 다루는 능숙함과 창조력을 믿습니다. 시청자를 나무라서도 안 되고 훈계해서도 안 됩니다. 내면의 선한 동기를 쓰다듬어 더 아름다운 사회가 실현되도록 해야 합니다.

나영석 PD님, 꼭 귀 기울여 주세요.


## 2. 나는 아직도 목숨 걸고 지하철을 탄다

여러분이 편안하게 서울역에서 고급스러운 KTX를 타고 경주 여행을 즐길 때, 휠체어를 타는 저는 매번 목숨을 걸고 지하철을 이용하고 있다는 사실을 아시는지요? 아시다시피 걷지 못하는 장애인에게는 휠체어가 유일한 이동수단입니다.

저는 휠체어를 탈 때마다 우리 사회에서 휠체어에 대한 상식이 부족함을 느낍니다. 휠체어를 이용하면 마치 인생이 무너진 것처럼 보는 사람이 너무 많습니다. 과거에 안경에 대한 인식이 부정적이던 시절에는 안경을 쓰면 장애인으로 취급하기도 했지만, 오늘날은 생활의 편의와 멋부리기를 위해 안경을 활용하고 있지요. 이제 휠체어도 안경과 같이 바라보면 좋겠습니다.

예를 들어, 교통사고나 산재사고로 상해를 입으면 재활치료에 들어갑니다. 이때 재활치료의 목표를 '사고 이전 상태로 회복하는 것'으로 삼으면 5년 이상 걸리고 크게 지쳐 재활에 성공하지 못하는 경우를 종종 봅니다. 한편 피어peer상담, 즉 먼저 경험한 동료의 상담을 통해 이후 인생에서 휠체어의 도움을 받으며 살겠다고 마음먹고 재활훈련에 들어가면, 1년 안에 재활에 성공하는 경우를 자주 봅니다.

그런데 우리나라에서는 유독 휠체어 사용을 부정적으로 보는 시각 탓에 환자나 가족들이 휠체어를 사용하려 하지 않습니다. 심지어 발목부상 같은 경미한 상처는 휠체어를 사용하면 금방 치료되는데 무리하게 목발을 쓰다가 상처를 키우기도 하지요.

선진국은 다릅니다. 휠체어 사용을 당연한 생활의 개선으로 보기 때문에, 거리에 나서면 이 나라에는 왜 이렇게 장애인 숫자가 많은가 놀라게 됩니다. 장애출현율은 전체 인구의 10분의 1 정도가 보편적입니다. 우리 주변에서 그 정도가 보이지 않는 것은 우리가 장애를 부끄러워하여 숨기거나 장애인의 사회활동이 심각한 제약을 받는 상태이기 때문입니다.

따라서 〈알쓸신잡〉 해외 편에서 사회 곳곳에서 휠체어가 눈에 띄는 모습을 카메라에 포착한다면 유익한 프로그램이 될 것입니다. 즉, 장애인이나 고령자가 보호자 없이 휠체어의 도움만으로 생활이 가능한 환경을 보여 준다면 우리나라 시민들의 인식을 개선하는 데 큰 효과를 얻을 수 있을 것입니다.

같은 맥락에서 〈중앙일보〉 2021년 4월 8일자에 실린 서울대 건축학과 서현 교수의 칼럼 "아름다운 도시를 만들려면"을 소개합니다. 이 칼럼의 결론은 "휠체어, 유모차가 차별 없이 돌아다닐 수 있으면 그 도시는 아름답다. 가장 아름다운 도시라고 선전하는 평양에 동의할 수 없는 것은 거기서 장애인 배려를 찾아볼 수 없기 때문이다"입니다.

도를 묻는 제자들에게 그는 말없이 연꽃 한 송이를 들어 보였다. 아무리 석가모니지만 요즘 이런 방식의 수업이면 곤란하다. 학기말 강의평가가 좋지 않을 것이다. 학생 공감능력이 부족하더라, 문장 구성능력이 없는 것 같더라, 묵묵부답을 염화시중으로 포장하고 있더라.

이번에는 비루한 건축전공 선생에게 도가 아니고 도시를 물었다. "어떤 도시가 아름답습니까?" 속세의 선생은 연꽃무늬 막걸리 잔을 들어 답했다. "공정한 사회가 만드는 도시가 가장 아름다우니라." 그런데 혹시 이건 동문서답은 아닌지.

대중 건축 강의에서도 역시 이런 질문을 많이 받는다. "어떤 도시가 아름다운 도시인가요?" 그 배경에는 우리 도시가 아름답지 않다는 경험적 전제가 깔려 있다. 그리고 선망 대상에는 외국의 어떤 도시들이 있겠다. 그 도시들의 공통점을 모으면 선진국 도시들이라는 점이다. 그렇다면 그들은 어쩌다 선진국이 되었을까.

지금부터 건축의 영역을 넘지만, 답을 추리자면 이들이 공정한 사회를 만들었기 때문이다. 동시에 비슷한 환경에서 시작된 사회를 비교해 보자. 아메리카 대륙 남북에 유럽 각지에서 침략자, 이주자들이 각각 정착해 나갔다. 북아메리카에 도착한 이들은 대개 신교도하고도 지독한 골수 칼뱅주의에 뿌리를 두고 있었다. 종교 자유 갈구와 절대가난 도피가 이주의 추동력이었다.

선행하면 천국 가느냐는 질문도 이들은 신과의 무엄한 거래 시도로 간주했다. 구원에 관한 신의 뜻을 한낱 너희가 알 길이 없으니 남은 것은 극단적으로 성실·청빈하라는 강령이다. 모두의 성실·청빈한 이승생활을 위해 이들은 권력 균분의 제도를 고안해 냈다. 민주주의 신념으로 무장한 국가를 세운 것이다.

남아메리카에 도착한 이들의 목적은 물질적 기회 획득이었다. 돈만 있으면 면죄부를 사서 천국도 얻을 수 있는 구교 국가 출신이었고 신 외에 신분도 불가침의 영역이라고 믿었다. 이들이 새 대륙에서 만든 사회는 인종·종교·신분의 기득권이 충실하게 엮인 유기적 조직체에서 출발했고 공식 이면에 비공식이 깔려 있었다. 그게 결국 지금 빈부격차가 극심한 중남미의 도시 풍경을 만들었다. 아름다워서가 아니고 신기해서 가 본다는 곳.

제자들이 다시 묻는다. "아름다운 도시를 위해 무얼 어찌하오리까?" 건축 선생이 다시 답하니 "시장을 잘 뽑아야 한다." 석가모니와 비슷한 시대 그리스의 선생은 가장 지혜로운 자philosophos가 통치하는 사회를 꿈꿨다. 선거는 입후보자 중 누가 가장 지혜로운지 판단하는 다수의 결정이다.

그러나 선거는 왜곡의 위험이 있으니 다수 이익의 대변자 선택 과정으로 몰락하는 것이다. 위대한 현자가 중우정치라고 걱정한 그것이다. 그런데 대한민국의 선거는 이를 훨씬 지나쳐 입후보자 중 누가 진정 부패·부정·부도덕의 화신인지 결판내자는 결투장이 되어 버렸다. 선거의 승자는 지혜의 실현자가 아니고 승전 권력의 행사자가 되었으며 다수의 뜻이라고 소수 의견을 묵살하곤 했다. 그래서 공평해졌다고.

다수결 원칙으로만 운영되는 사회의 도시에는 숫자만 남는다. 지금 한국 사회의 화두는 주거이되 그 관심사는 오로지 숫자다. 도시 사안은 참으로 복잡하여 규징 방법이 다양 무쌍하되 규정 방법에 따라 누구든지 소수에 속할 수 있다. 누구든 환호와 절규의 주체가 된다. 대안은 사업단위를 작게 만드는 것이다. 사업이 클수록 소수의 절규가 커진다. …

대한민국은 스스로 공정하다고 확신한 적도, 도시가 아름답다고 자신한 적도 없다. 그래서 피해의식의 지방자치단체장들이 기이한 거대 건축사업을 벌이곤 했다. 그러나 도시의 가치를 사진 속에서 찾으면 곤란하다. 도시는 인공의 유기체다. 도시는 일상의 현실이되 모두에게 치열한 삶의 현장이다. 그래서 간단히 말하자면 휠체어, 유모차가 차별 없이 돌아다닐 수 있으면 그 도시는 아름답다.

속세의 비루한 건축 선생이 단언하건대 나는 사회적 소수가 차별받거나 무시되면서도 아름다운 도시를 본 적이 없다. 가장 아름다운 도시라고 선전하는 평양에 동의할 수 없는 것은 거기서 장애인 배려를 찾아볼 수 없기 때문이다. …

저는 〈알쓸신잡〉에 출연하는 지성인들에게 이런 이야기를 듣길 고대했습니다. 그러나 자막으로만 스쳐 지나간 주제 가운데서 이런 고민의 흔적을 찾을 수 없었습니다. 장애인과 고령자 문제를 한 번이라도 진지하게 생각해 본 적은 있는지 절망감을 느꼈습니다.

경주 편에서 루프트탑 카페에 올라간 나영석 PD는 마치 유럽 같다고 찬탄하면서도 거기에 휠체어가 접근할 수 없다는 사실을 외면했습니다. 한마디만 거들어 주기를 간절히 바랐는데요.

우리의 현실을 조금만 세심히 들여다보면 휠체어 출입을 허용하는 곳이 많지 않다는 사실을 금방 깨닫게 됩니다. 식당과 가게는 문 앞에 계단이 있어 휠체어가 들어가기 어렵습니다. 5성급 호텔조차 문을 열면 턱이 먼저 기다리고 있습니다. 화장실과 샤워실도 대부분 휠체어 접근이 어려운 상태입니다. 건축 시 자연스럽게 배수구 쪽으로 경사를 주어 밖으로 물이 넘칠 염려가 없는데도 습관적으로 턱을 두어 휠체어의 출입을 막고 있습니다.

휠체어테니스라는 올림픽 스포츠 종목이 있습니다. 휠체어테니스 선수는 국제대회 참가를 위해 생활용 휠체어 1대, 경기용 휠체어 2대 이상 등 평균 3대 이상의 휠체어를 수하물로 들고 여행합니다. 그런데도 그가 속한 사회의 든든한 지원 속에서 큰 어려움 없이 혼자서 여행을 완수합니다. 나 PD님, 이런 장면을 담아 방송에서 소개해 보고 싶지 않으세요?

우리나라 항공사는 생활용 휠체어 1대를 쓰는 승객이 나타나도 긴장합니다. 항공사 직원들은 탐탁지 않은 표정이 확연합니다. 전동휠체어가 보이면 마치 테러범이 나타난 듯 요란을 떱니다. 배터리가 폭발할지 모른다는 것입니다. 폭발할 가능성이 있는 제품이라면 판매하지 않았겠지요. 줄곧 폭발하지 않던 배터리가 왜 비행기에서 폭발합니까? 비행기에 전동휠체어를 싣고 내리는 과정에서 항공사 직원들은 너무 과민반응을 보입니다.

장애인과 마찬가지로 노인의 여행권도 크게 제약을 받습니다. 고령사회에서 추억은 중요한 상품입니다. 생애 마지막 여행은 인생에서 가장 행복했던 여행지를 다시 한 번 가 보는 것입니다. 이것은 중요한 권리입니다. 이제 늙어 휠체어를 타는 신세이니 포기하라고 할 수 없습니다.

전동휠체어가 개발되면서 장애인과 노인의 자립성이 크게 향상되었습니다. 손가락 하나만 힘이 있으면 전동휠체어를 사용하여 이동이 가능하기 때문입니다. 따라서 전동휠체어의 사용을 권장하고 전동휠체어가 어디든 자유롭게 접근할 수 있도록 장벽을 없애 주어야 합니다.

그런데 우리나라의 현재 지하철은 전동차 바닥면이 플랫폼 바닥면보다 높아 전동휠체어를 탄 사람을 위험하게 만듭니다. 제가 목숨을 건다는 표현을 쓴 것은 이 때문입니다. 전동차로 올라타려면 세게 속도를 내어 힘을 받아야 턱을 넘어설 수 있습니다. 턱이 너무 높으면 결국 부딪혀 휠체어가 쓰러지고 사람도 고꾸라져 넘어지고 맙니다. 심하면 전동차와 플랫폼 틈새에 끼여 목숨이 위험해집니다. 아직도 대중교통 시설에 장벽이 존재하는 것입니다.

저는 장애인, 노인 등 교통약자에게 지하철이 가장 편리한 교통수단이 되리라 예견하고 누구나 탈 수 있는 지하철을 만들자고 사회운동을 펼쳤습니다. 1991년 '노장지협', 즉 노인과 장애인이 탈 수 있는 대구 지하철을 만드는 시민단체 협의회를 발족하여 캠페인을 벌였습니다. 그 결과, 대구 지하철은 엘리베이터를 갖추고 출발하는 최초의 지하철이 되었습니다. 저는 대구시장 옆에서 개통식 테이프 커팅을 함께 한 바가 있습니다.

이후 장애인·노인·임산부 등의 편의증진 보장에 관한 법률(편의증진보장법), 교통약자의 이동편의증진법 등을 제정하여 법적 근거까지 마련했습니다.

그러나 법을 만들었다고 끝난 것이 아닙니다. 장애인의 권익과 관련된 법은 대개 장애인과 장애인단체의 오랜 요구와 투쟁 끝에 정치권이 수용해서 만들어지는 역사를 가지고 있습니다. 입법 단계에 오면 실체법 내용은 선언적 조문으로 가득 차고 예산의 뒷받

침이 필요한 부분은 빠지기 일쑤입니다.

앞의 '편의증진보장법'도 부칙을 보면, "시행일부터 7년 안에 편의시설을 설치해도 된다"라는 식으로 후퇴했습니다. 더욱이 "편의시설 설치대상 시설의 시설주에게 지나친 부담이 되지 않도록 배려하여야 한다"라는 조문까지 넣어 도대체 이런 법은 왜 만드는지 회의감이 들 정도입니다. 교통약자에게 위험한 지하철을 개선할 의지가 희박하다고 볼 수밖에 없지요.

시민들의 인식 개선과 협조도 절실합니다. 휠체어를 위한 10% 공간 확보는 법제화되었습니다. 하지만 출퇴근 시간에 휠체어를 타고 지하철을 이용하면 많은 사람들이 따가운 눈총을 보냅니다. 휠체어 탄 사람도 직장생활을 한다는 현실을 인식하고 배려하는 분위기가 조성되어야 합니다.


## 3. 함께 어울려 사는 세상이 아름답다

저는 전국 지하철의 전동차 턱을 없애는 사업이 기술적으로 가능한지, 가능하다면 얼마의 예산이 필요한지 궁금합니다. 적은 예산으로 해결이 가능하다면 우선 정부가 비판을 받아야겠지요. 정부의 관심 부족으로 교통약자들이 위험에 노출되었으니까요. 그리고 당장 해결하면 될 것입니다.

만약 큰 자금이 필요하다면 국민 캠페인을 벌이는 것이 바람직하다고 봅니다. 고령사회 대비를 위해 필수적인 과제이므로 예산 마련과 더불어 사회복지공동모금회 등과 캠페인을 진행해야 합니다. 예를 들어, 어떤 기업 혹은 개인 덕분에 시민과 교통약자들이 편안하게 지하철을 이용하게 되었다고 서울역 광장에 기부자 이름을 새겨서 많은 사람들이 영원히 기억하는 영예를 주는 것도 좋은 전략이겠지요.

평생 동안 사회적 약자들을 위해 법을 만들고 예산을 확보하면서 동분서주했던 저로서는 안타까운 마음이 듭니다. 왜 일찍이 나영석 PD 같은 분의 도움을 받아 국민들이 사랑하는 예능 프로그램을 통해 사회적 과제를 하나하나 해결하는 창조적 도전을 생각하지 못했을까요.

여론이 우리 편일 가능성이 아주 높습니다. 지하철 엘리베이터를 보더라도 이제 일반 시민이 더 좋아합니다. 이처럼 장애, 성별, 연령, 문화적 배경 등에 따라 이용에 제약을 받지 않는 보편적 설계를 '유니버설 디자인'universal design이라고 합니다. 장애인에게 편리하면 모두에게 편리하므로 장애인과 비장애인 구분 없이 편리한 시설 디자인을 많이 개발하자는 것이지요. 사실 무거운 짐을 지면 누구나 그 순간은 장애인이 된다고 볼 수 있습니다.

## 공공연한 장애인 입학 거부

20세기는 의무교육의 시기였습니다. 초등학교 교육은 국민의 권리이자 의무였습니다. 만 6세가 되면 초등교육 의무자가 되어 학교에 입학했습니다.

그런데 장애인은 예외였을 뿐만 아니라 배제의 대상이었습니다. 교실이 2층 이상에도 있고 편의시설이 없다는 것이 입학 거부의 이유였습니다. 학교 측에 의지하지 않고 가족이 모든 책임을 질 것이니 입학을 허락해 달라고 간청하여 겨우 한 자리 얻어내는 경우가 허다했습니다.

영화 〈포레스트 검프〉는 미국 장애인 입학의 한 사례를 보여 줍니다. 검프의 어머니는 장애인 아들을 좋은 학교에 보내기 위해 온갖 수치스러운 일을 견뎌냅니다.

살벌한 입학경쟁 이후 장애인을 기다리는 것은 치열한 입시경쟁입니다. 당시 초등학교 성적은 '수우미양가'로 매겨졌습니다. 당연하다는 듯이 저의 체육 성적은 늘 '가'였습니다. 이제 갓 경쟁에 노출된 어린이에게 왜 '가'를 주는지, 노력하여 더 높은 점수를 받을 수 있는지 물어볼 수도 없는 분위기였습니다.

당시 중학교 입시는 '지옥경쟁'이었기에 초등학교 6학년이 되면 비상이 걸렸습니다. 전체 200점 만점의 입시에서 체력장 점수가 20점 가까이 차지하고 있어 장애 학생은 일류 중학교에 진학하기 힘들었습니다. 담임선생님과 부모님이 갑자기 전국 규모의 예능경기대회와 과학경시대회 등에 참가를 권유하여 일류 중학교의 특기자 입학을 준비하던 기억이 납니다.

결국 일류 중학교는 포기하고 대구 계성중학교에 도전했습니다. 제 인생에서 제일 서럽게 울었던 그날이 기억납니다. 체력장 입시 날, 100m 달리기 때였습니다. 일단 달리기에 참여해야 기본점수 1점을 받을 수 있었으므로, 스타트라인에서 입시생 4명이 함께 신호에 따라 출발했습니다. 곧 다른 학생들은 저만치 100m 통과 지점을 향해 달려갔지요.

저는 절룩이며 10m쯤 걷고 시험관 교사에게 눈짓으로 물었습니다. 장애인이란 사실을 확인받았으니 이제 기본점수를 받을 자격이 생긴 것이 아니겠냐고요. 그런데 융통성 없는 교사는 아니라고, 100m 지점을 통과해야 한다고 주장했습니다. 사방에서 쳐다보는데 저 혼자 울면서 100m를 절룩이며 걸었습니다.

그때 운동장에서 제 인생 최고치의 눈물을 흘렸습니다. 이 비굴한 인생은 얼마나 계속될지, 이 야만적인 세상에 복수 한 자락이라도 할 수 있을지 물으며 울고 또 울었습니다. 그리고 불합리한 제도를 꼭 고치겠다고 마음속으로 맹세했습니다.

## 최하위 체육 성적이라는 고통

제가 선택한 계성중학교는 훌륭한 교사들을 포용하고 교육철학이 살아 있는 좋은 학교였습니다.

한 달에 한 번, 국어·영어·수학 시험으로 성적을 내고, 5월 중간고사와 7월 기말고사에서는 전 과목 시험을 보았습니다. 평소에는 제가 늘 전교 1등을 차지했지만, 중간고사와 기말고사 때는 체육과 유도 과목이 있어서 좋은 결과를 얻기 어려웠습니다.

체육과 유도 선생님은 제게 40점씩 주었습니다. 다른 비장애 학생의 평균점수는 80점 정도였기 때문에 저는 중간고사나 기말고사에서 전교 석차가 50등 밖으로 밀려났습니다.

2학년 때 담임이셨던 안인환 선생님은 약자에 대한 공감능력을 가진 참스승이셨습니다. 저는 이분을 은인으로 생각합니다. 안 선생님은 교사회의에서 이 문제 해결을 촉구하셨습니다. 이미 동급생 모두가 저를 1등으로 생각하니, 저의 체육·유도 과목 점수를 1등이 가능한 62점으로 책정해 줄 것을 정식으로 요청하여 승낙 결정을 이끌어내신 것입니다.

안인환 선생님은 최하위 점수라는 것을 본인이 확인하면 되지, 그렇게 잔인한 성적을 주는 것은 비교육적이라고 주장하셨습니다. 저는 다양성을 수용하고 다른 것은 다르게 평가하는 안인환 선생님 덕분에 새롭게 태어날 수 있었습니다.

**전 국민을 위한 생활체육 인프라 필요**

학창 시절, 제 인생의 화두는 체육이었습니다. 당시에 체육시간은 대개 친구들과 노는 시간으로 여겨졌습니다. 주로 교실 안에

서 생활하던 학생들은 환한 운동장에 나가 친구들과 공이라도 한 번 차면서 즐거운 시간을 보냈지요. 물론 저도 친구들과 함께 어울려 놀고 싶었습니다.

그러나 선생님들은 늘 저를 걱정하시면서 체육시간에 교실을 지키라고 지시하셨습니다. 어떤 선생님은 배려한다고 안데르센 동화책을 주시며 체육시간 동안에 읽어 보라고 하셨습니다. 저는 속으로 울면서 '안데르센 동화책은 다 외우는데 보여 드릴까요?'라고 대들었던 기억이 있습니다.

그래서 저는 대구볼런티어센터 소장으로 봉사할 때 장애인 스포츠의 중요성을 강조했습니다. 저의 재원과 사회적 관심을 동원하여 휠체어 테니스, 휠체어 농구 등 장애인 스포츠 진흥을 위해 헌신했습니다. 2018 평창 동계패럴림픽 때에는 한국인 최초로 선수촌장이 되는 영광을 안게 되었지요. 장애인 스포츠는 현재진행형입니다. 더욱 확대하고 발전해야 합니다.

마찬가지로 고령사회에서 노인이 충분히 운동할 수 있도록 시설과 설비를 제공해야 합니다. 그 이상의 노인정책은 없다고 봅니다. 우리나라는 국민개보험 정책을 채택하고 있기 때문에, 노인이 운동하여 의료비 지출을 줄일수록 재정이 건전해지는 구조입니다.

그런데 노인정책 전문가는 양성하기 어렵습니다. 청년이나 중장년은 노인 전문가가 되려 하지 않고, 노인이 되면 정년퇴임 시기가 되고 맙니다. 저와 같은 장애인 전문가가 노인문제까지 관심의 범위를 넓혀서 장애인정책과 노인정책을 통합하여 펼치는 것이 효율적입니다. 그래서 저는 고령사회 법제에 관심을 갖고 이 책을 준비한 것입니다.

이런 것이 생활정치입니다. 정치인들이 개혁을 강조하며 적폐청산 같은 정치적 이슈나 과거의 일에만 몰두하다 보니, 현재 일상생활의 불편해소나 미래준비에는 관심이 부족한 것으로 비쳐집니다. 체육시설 부족으로 운동을 하지 못해 고통받는 대다수의 착한 시민들 얼굴이 떠오르지 않습니까?

나영석 PD님, 다른 나라의 노인과 장애인은 어떤 환경에서 어떻게 운동하는지 궁금하지 않습니까? 외국 사례를 살펴보면서 그들이 어떻게 운동 종목을 개발하고 운동 공간을 확보하는지 배울 필요가 있습니다.

일본 기타큐슈에서 보았던 풍선배구 장면이 아직도 생생히 기억납니다. 풍선배구는 장애인에게 부담스러운 일반 배구공을 과감하게 풍선으로 대체하여 근육이 아주 약한 사람도 즐길 수 있는 스포츠입니다. 풍선배구 경기장은 천국의 한 부분을 옮겨 놓은 듯 아름답고 감동적이었습니다. 이런 곳을 촬영하여 우리나라 시청자들에게 보여 주면 어떨까요? 그러면 우리도 생활체육 분야에서 창의성을 발휘하여 운동종목을 개발할 수 있지 않을까요?

운동 공간 확보도 중요한 문제입니다. 집 근처에서 운동하는 것이 정상이지, 운동하러 1시간 이상씩 이동하는 것은 이상하지 않나요? 따져 보면 당연한 국민의 권리인데, 소수 약자의 권리가 너무 무시당하고 있습니다. 일반인도 불만이 많습니다. 현재 전국의 체육시설은 포화상태입니다. 보통 사람들도 운동공간이 부족하다고 아우성이니, 약자들은 더 어렵지요. 국민들이 운동하고 싶다는데, 정부와 지방자치단체는 왜 외면하는 것일까요?

이제 관람하는 스포츠가 아니라 체험하는 스포츠, 땀 흘리는 현장을 갖추기 위해 준비해야 할 때입니다. 예산을 늘리거나 체육시설 기부운동을 펼쳐야 합니다. 기부한 기업이나 개인 이름을 붙인 체육관을 이곳저곳에서 볼 날이 왔으면 좋겠습니다.

## 장애인 자립을 돕는 도구, 전동휠체어

전동휠체어 발명은 장애인 자립의 역사에 큰 획을 그었습니다. 또 사랑하는 사람과 나란히 걷는 행복도 선사했지요.

그런데 전동휠체어는 오랫동안 100kg에 달하는 중량으로 인해 해외여행을 할 때 많은 제약을 받았습니다. 100kg의 물건을 추가 요금 없이 비행기에 실어 줄 것인지가 늘 문제가 되었고, 항공사마다 그 기준이 달라 혼란스러웠습니다. 해외에 가서도 현지 교통수단에 접목하는 데 어려움을 겪었습니다.

이런 문제들을 일본의 피아노 기업인 야마하가 기적처럼 해결했습니다. 배터리 중량을 줄이고 엔진도 슬림하게 만들어 25kg짜리 전동휠체어를 개발하는 데 성공한 것입니다. 각국의 장애인들은 환호했습니다.

피아노를 만드는 회사가 어떻게 이런 아름다운 도전에 나섰을까요? 저는 이것이야말로 최고의 사회공헌활동이라고 봅니다. 기술력과 창의력을 가진 기업만이 할 수 있는 사회공헌활동인 것이지요. 25kg 정도의 무게이면 항공사도 부담 없이 수용할 수 있고, 전 세계 어디를 여행하더라도 가볍게 택시에 수납할 수 있습니다.

저도 야마하 전동휠체어를 사용합니다. 우리 사회에 반일 정서가 팽배했을 때에는 일제 휠체어를 탄다는 비난을 들을까 봐 두렵기도 했습니다. 한편으로는 이토록 절실한 문제에 도움을 주고자 나서는 우리 기업이 없다는 사실이 안타깝기도 했습니다.

이제 장애인뿐만 아니라 일반 시민도 필요에 따라 전동휠체어를 편의품으로 이용하는 시대가 되어야 한다고 생각합니다. 일반인과 장애인이 함께 사용하는 유니버설 디자인의 멋진 휠체어가 출시된다면 참 좋겠지요.

예를 들어, 프랑스 루브르박물관을 다 구경하려면 족히 10㎞는 걸어야 하는데, 이때 일반인도 카트 이용하듯 전동휠체어를 사용하면 어떨까요? 이렇게 고정관념을 전복하고 나면, 루브르의 동선 설계가 더 편안한 방향으로 바뀌고, 장애인과 비장애인의 분리 및 배제 현상도 훨씬 개선될 것입니다.

만약 삼성전자가 지금의 야마하 전동휠체어보다 더 세련된 유니버설 디자인의 전동휠체어를 만들어 루브르박물관에 기증한다면 그 어떤 이벤트보다 더 멋진 ESG 사례로 기록되지 않을까요?

바로 이런 상상을 현실로 만드는 역할을 나영석 PD에게 제안하는 것입니다.


## 눈물의 지리산 천왕봉 등정

1988년 저는 판사를 그만두고 생업전선으로 나섰습니다. 너무 돈이 없어서 변호사 개업을 할 수밖에 없었습니다.

당시 제가 개업한 대구의 법정은 법원 3층과 4층에 걸쳐 배치되어 있었고, 이른바 저의 일터였습니다. 저는 클러치 보행을 좀

지리산 천왕봉 정상에서 (1991. 6).

더 훈련하는 의미에서 일부러 엘리베이터가 설치되지 않은 4층의 사무실을 임대했습니다. 나름의 영업 전략이었던 셈이지요. 비록 장애인 변호사이지만 법정 출입에는 아무 문제가 없다는 무언의 메시지를 보낸 것입니다.

나아가 전국의 법관, 검사, 변호사에게 강인한 인상을 심어주기 위해 지리산 천왕봉 등정 이벤트를 기획했습니다. 스토리텔링이 주는 감동의 크기를 알기에 평소 소원이기도 했던 지리산 천왕봉에 오르기로 결심했던 것입니다. 우선 대구에서 에베레스트 등정 경험이 있는 박재욱 씨를 찾아가 조언을 구했습니다. 연습 삼아 대구 앞산, 갓바위, 팔공산 동봉 등을 차례로 등반했습니다.

드디어 1991년 6월에 저희 부부와 동서 부부, 아들, 변호사

사무실 직원 3명이 박재욱 씨의 지도 아래 천왕봉을 향하여 첫발을 내딛었습니다. 박재욱 씨에게는 혼자 힘으로 천왕봉에 오르고 싶으니 목숨이 위험한 경우가 아니면 조용히 지켜보아 달라고 미리 당부했습니다.

중산리 매표소에서 출발하여 법계사 둘러보고, 로터리 산장에서 1박을 한 후 천왕봉에 올랐습니다. 아침 7시에 떠나서 천왕샘까지 6시간이 걸렸고, 보통 10분 걸린다는 마지막 계단을 1시간 30분에 걸쳐 오르고 올라 천왕봉 표지석을 안고서 넋 놓아 울었습니다.

통천문, 제석봉을 거쳐 하산하여 장터목 산장에서 잤습니다. 그리고 백무동으로 내려오는데, 박재욱 씨가 "곧 큰 비가 온다고 예보했으니 고집 부리지 마시고 저에게 업히세요"라고 했습니다. 할 수 없이 마지막 3km를 내려올 때 박재욱 씨에게 신세를 졌는데 마치 제가 호랑이 등에 업힌 것처럼 느껴졌습니다. 그때 '아, 우리의 행군이 참 지루했을 텐데 다 참아 주셨구나' 하면서 새삼 고마운 마음이 들었습니다.

저는 이 천왕봉 등정기를 에세이로 집필했습니다. 이것이 변호사 회지를 비롯하여 여러 매체를 타면서 '천왕봉 변호사'라는 긍정적 이미지를 얻었습니다. 변호사 활동을 하는 데도 큰 도움이 되었습니다.

1997년에는 천왕봉 등정기를 포함한 자전적 에세이들을 모아

"새 한 마리, 돌덩이 하나에서도 인간적 의미를
읽어내는 놀라운 사랑의 시각을 발견했다"고
유홍준 교수(전 문화재청장)가 평가한 저자의
에세이 《나는 눈물나는 해피엔딩이 좋다》(1997).

《나는 눈물나는 해피엔딩이 좋다》라는 에세이집을 출간했습니다. 이 책이 MBC PD에게 전해져서 당시 화제의 프로그램이던 〈성공시대〉에 출연하기도 했습니다. 지금도 술자리에서 천왕봉가 본 사람을 만나면 천왕봉 이야기로 밤을 새웁니다.

이후 저는 영향력 있는 인사가 되어 법정 내부 환경을 전체적으로 바꿀 수 있었습니다. 과거에 권위의 표현으로 일반 방청석보다 한 계단 높여 두었던 검사석과 변호사석을 평평하게 만들어 휠체어 접근성을 높였습니다. 탱크처럼 무겁던 변호사 고정석도 바퀴의자로 바꾸어 쉽게 밀어내고 휠체어에 앉은 채 변론이 가능하도록 개선했습니다.

## 4. 소중한 기회를 놓친 〈꽃보다 할배〉

나영석 PD의 출세작 〈꽃보다 할배〉는 2013년 방영 당시 새로운 예능 분야를 개척했다는 호평을 받았습니다. 평균 나이 75세의 할배들도 배낭여행을 즐길 수 있다는 과감한 발상 전환으로 미국 NBC에까지 포맷을 수출한 공전의 히트작이었습니다.

그런데 이 프로그램에서 나 PD는 다양한 할배의 모습을 보여 주겠다는 의욕이 앞서 큰 실수를 저질렀습니다. '직진 순재'라는 별명의 기동력 넘치는 이순재 씨와 퇴행성관절염이라는 장애를 가진 백일섭 씨를 대비시킴으로써, 잠재적으로 수많은 장애인들에게 '귀찮은 존재'라는 낙인을 찍고 말았습니다.

이순재 씨는 나이가 많지만 몸 관리를 잘해 늘 적극적인 모습을 보일 뿐만 아니라 영어와 독일어까지 자유자재로 구사하는 모범적 캐릭터로 조명했습니다. 한편, 백일섭 씨는 영문과 출신이지만 영어 한마디 못하는 부정적 이미지를 덧씌워, 장애를 가진 사람은 게으르고 주변에 폐만 끼치는 존재인 것처럼 묘사했습니다.

그 정도의 인식 수준을 우리가 가지고 살아왔으니, 어찌 보면 현실을 숨김없이 잘 반영했다고 평가할 수 있겠지요. 그러나 전동휠체어라는 유용한 보조도구를 선보여, 장애인도 보조도구를 잘 활용하면 해외여행을 얼마든지 즐길 수 있다는 메시지를 주었다면 얼마나 좋았을까요? 이 점을 저는 애석하게 생각합니다.

만약에 백일섭 씨가 야마하 전동휠체어를 능숙하게 사용했다면 상황은 달라졌을 것입니다. 이순재 씨보다 훨씬 더 기동성 있게 움직이면서 전체 할배들을 리드하는 모습을 보였을 것입니다. 나아가 다른 할배들 짐까지 들어 주며 여행의 전 과정을 활기차게 만들 수도 있었을 것입니다.

따라서 나 PD는 모든 장애인에게 속죄하는 의미에서라도 휠체어가 등장하는 배낭여행 프로그램을 꼭 한 편이라도 만들어 주시길 바랍니다. 그 프로그램에 저를 등장시켜도 좋습니다.

야마하 전동휠체어를 사용하는 저의 여행 모습은 전혀 다릅니다. 우선 장애가 있다고 해서 이동속도나 범위가 위축되지 않습니다. 전동휠체어의 주행속도는 보통 사람들이 빨리 걷는 수준인 시속 12㎞가 가능합니다. 얼마든지 전체 흐름에 맞출 수 있고 조금도 뒤처지지 않습니다. 하루 30㎞를 커버하니 여행의 공간범위가 줄어들 필요도 없습니다. 게다가 저는 여행 때마다 주변 동료의 짐을 들어 줍니다. 정확히 말하면 저의 보조도구인 전동휠체어가 들어 주는 것이죠.

장애가 생겼다고 인생 끝났다는 식으로 주위의 동정을 받으며 모든 일상을 포기하는 모습을 연출하는 것은 진부하다고 생각합니다. 더구나 천하의 나 PD가 그런 상태에 머물러 있지는 않으리라고 믿습니다.

신체에 장애가 생겼다는 것은 시력의 변화가 온 것과 비슷합니다. 눈이 나빠지면 안경을 바꾸면 해결됩니다. 마찬가지로 장애인에게 과도한 재활훈련을 요구할 것이 아니라, 일반인의 인식을 바꾸고 휠체어가 자유롭게 다닐 수 있는 환경을 제공하면 됩니다.

이러한 맥락에서 저는 장애인 인식개선 교육을 의무화하는 장애인복지법 개정을 위해 노력했고 마침내 성공했습니다. 많은 변화를 이끌어낸 성희롱 예방교육이나 독일의 장애인 인식개선 교육을 벤치마킹한 것이지요. 독일의 나치는 한때 인종개조를 목표로 삼고 장애인을 찾아내어 학살하기도 했습니다. 지금은 부끄러운 역사를 반성하면서 1년에 수차례씩 전 국민이 장애인 인식개선 교육을 의무적으로 받고 있습니다.

공중파 방송은 국민 교육 기능이 당연히 작동해야 함을 늘 기억해야 합니다. 선진국의 방송국은 대부분 일정 비율의 여성 및 장애인이 드라마에 출연하도록 하는 등 다양성 확보를 위한 규정을 마련해 놓았습니다.

나 PD는 그동안 배우 윤여정 씨를 주인으로 내세운 〈윤식당〉, 〈윤스테이〉 등의 예능 프로그램으로 우리에게 색다른 볼거리를 제공하는 데 성공했습니다. 그런데 이들 프로그램은 부자연스럽게 장애를 가진 손님이 단 한 명도 출연하지 않습니다.

인구의 10% 정도가 장애를 가진 것이 자연스러운데, 나 PD가 연출하는 세계에는 건강한 사람들뿐입니다. 만약 식당과 숙소에 찾아온 장애인이 있었는데 거절했다면, 장애인차별금지법 위반으로 법적 문제가 있는 것입니다.

장애인이 출연하는 프로그램은 그 어느 교육보다 장애인에 대한 사회인식을 개선하는 효과가 크다고 봅니다. 장애인을 우리가 어떻게 대우하며, 장애인과 우리가 어떻게 친구가 될 수 있는지 보여 주면서 사람들이 자연스럽게 장애인에 대한 인식을 바꿀 수 있는 계기를 제공하기 때문입니다. 장애인 인식개선에 효과적인 프로그램을 만들 수 있는 기회를 활용하여 오히려 현행법 위반 소지가 있는 프로그램을 만들었으니, 냉정한 반성과 비판이 뒤따라야 할 것입니다.

〈윤스테이〉에서 구례 쌍산재를 숙박업소로 선정한 것 또한 문제입니다. 〈윤스테이〉는 2021년 1월 수려한 자연환경과 고풍스러운 한옥을 보유한 쌍산재에서 오픈하여 출발부터 큰 관심을 받았습니다. 그러나 한눈에 보아도 휠체어 타는 사람은 배려하지 않은 오만한 오픈이었습니다. 쌍산재 자체가 그런 곳이니 어쩔 수 없다는 말은 변명이 될 수 없습니다. 우선 현행법상 편의시설을 갖추지 않은 곳은 숙박업소 영업이 불가능합니다. 즉, 윤스테이 오픈 자체가 위법인 것이지요.

이것은 결코 무리한 요구가 아닙니다. 경복궁이나 창덕궁, 화엄사, 통도사에 한번 가 보십시오. 더 힘한 조건에서도 장애인 접근성 확보를 위해 우리 문화재청이나 사찰은 꾸준히 노력해왔습니다. 이러한 노력을 격려해야 할 나 PD가 오히려 편의시설

없이도 숙박업소 오픈이 가능한 듯이 현실을 오도한 것은 큰 실수입니다.

아무리 멋지고 쾌적한 경험을 제공하는 새로운 숙박형태라고 해도 그것이 소수자를 배제한다면 바람직하다고 볼 수 없습니다. 배제당하는 소수자는 그것이 우수하고 멋질수록 더 큰 차별감을 경험하기 때문입니다.

노멀라이제이션normalization은 장애인과 비장애인이 어떻게 어울려 사는 것이 바람직하냐고 할 때 원칙으로 제시되는 개념입니다. 선진국 시민들은 대개 상식으로 여기는 개념이지요. 나 PD팀이 놓친 개념이기도 합니다. 우리말로는 일상화, 보편화, 정상화, 상태화 등으로 번역하지만 딱 맞는 번역이 아니라 그냥 노멀라이제이션을 그대로 쓰는 경우가 많습니다. 노멀라이제이션의 기본 원칙을 살펴보면 다음과 같습니다.

첫째, 장애인이나 노인을 특별하게 대접하여 사회로부터 격리하려 하지 말아야 합니다. 평범한 이웃으로 여기며 보통의 생활 리듬을 유지할 수 있는 환경을 만들어 주어야 합니다.

둘째, 이른바 비장애인만으로 구성된 사회는 사실 비정상사회임을 인식해야 합니다. 장애인과 노인이 혼재하고 있는 상태가 정상이라는 사실을 늘 명심해야 합니다.

이러한 원칙은 20세기 중반에 덴마크에서 정책에 반영된 후 북유럽 전체로 확산되어 이제는 전 세계가 수용하는 복지이념이 되었습니다. 우리나라 역시 당연한 원칙으로 수용하고 있습니다. 이 개념도 모르면서 방송인이라고 하는 것은 한없이 부끄러운 일 이지요.

〈알쓸신잡〉에서 280여 주제로 이야기를 나누었는데, 노멀라 이제이션이 다루어졌는지 궁금합니다. 한 번도 언급되지 않았다면 사과해야 할 것입니다. 당장 전체 장애인들과 노인들에게 정중하게 사과하는 용기를 보여 주고, 이를 반영하여 멋진 프로그램을 만들어야 할 것입니다.

한 가지 덧붙이면, 배낭여행에 짐꾼을 동반하는 것도 어브노멀abnormal이지요. 게다가 최지우 씨나 써니 씨 같은 보조짐꾼까지 더한 것은 성차별 논란을 불러일으킬 수 있는 실수라고 생각합니다. 노인의 여행문화를 왜곡할 수도 있지요.

노인이나 장애인은 보행에 약점을 가질 수 있으니, 이를 고려하여 우리가 꾸준히 환경을 개선해 나가야 합니다. 모범적 예능은 그 방향과 가능성을 제시하는 것이 사명일 것입니다.

여러 가지 기술력으로 신체의 약점을 보완하는 입는 로봇 wearable robot 같은 제품이 개발되는 등 신체 노화를 극복하는 신기술의 세계는 놀랍게 발전하고 있습니다. 저는 드론 기술이 접목된 전동휠체어를 상상하고 있습니다. 실제로 계단을 오르는 전동휠체어가 개발되기도 했지요. 이런 신제품을 소개해 준다면, 장애인들이 환호할 뿐만 아니라 시민들도 모두 흐뭇해하는 진보의 현장을 경험할 수 있을 것입니다.

한편 유명인사가 단순한 사고로 휠체어를 사용하는데 마치 하늘이라도 무너진 듯이 "브레드 피트, 휠체어 신세"라는 식으로 기사를 쓴다면, 휠체어를 사용하면서 잘 살아가는 사람들을 모욕하는 것이 되니 조심해야 합니다.

## 5. 전 국민을 위한 사려 깊은 예능을 기대하며

기대를 모았던 〈알쓸신잡〉 시즌 2는 2017년 10월 안동에서 시작했습니다. 소설가 김영하 씨가 물러나고 건축가 유현준 씨와 뇌과학자 장동선 씨가 새로 등장했습니다. 유현준 씨는 하버드, MIT 출신의 최고 건축가로 혜성과 같이 신선한 모습으로 등장했습니다.

유시민 씨와 함께 병산서원을 찾은 유현준 씨는 건축을 바라보는 두 가지 시선을 설명합니다. 두 가지 시선이란 밖에서 바라보는 건축과 안에서 바라보는 건축을 뜻합니다. 병산서원은 밖에서 보면 왜소하고 보잘것없는데, 만대루에 올라서서 보면 그 장쾌한 풍경이 대한민국 5대 풍경에 든다고 칭찬을 쏟아 놓습니다.

그리고 유현준 씨와 유시민 씨는 만대루에 누워 하늘을 지붕 삼고 산을 이불 삼은 느낌이라며 황홀해합니다. 만대루에 휠체어가 접근할 수 없다는 사실은 조금도 신경 쓰지 않은 채 황홀하다고 외칩니다. 휠체어를 타는 사람들은 약만 오르는 것이지요.

시청자 중 일부를 심하게 약 올리는 중이라고 인식조차 못하니 예능에는 일말의 양심이라도 기대하기 어려운 것일까요? 저는 석굴암이나 낙화암처럼 그것을 체험하는 것이 한국인의 정체성 형성에 큰 영향을 미치는 대표적 건축물은 법으로 국민의 접근권을 보장해야 한다고 생각합니다.

2018년 9월 〈알쓸신잡〉 시즌 3는 유럽여행으로 시작했는데 출발점은 그리스 아테네였습니다. 파르테논 신전은 아테네의 대표적 건축물로, 〈알쓸신잡〉의 지성인들도 파르테논 신전의 아름다움과 건축 경위, 그리고 파르테논 신전을 안고 있는 아크로폴리스의 의미를 계속 설명했습니다.

〈알쓸신잡〉 그리스 편의 문제는 아크로가 높다는 뜻인 만큼, 아크로폴리스의 파르테논 신전을 가려면 평지에서부터 계단으로 한참 올라가는 것이 상식처럼 느껴진다는 것입니다. 휠체어를 타는 사람들은 "파르테논 신전은 좋은 곳이지만, 내가 갈 수 없는 곳이구나"라고 결론을 내리도록 편집되었습니다.

사실 파르테논 신전까지 엘리베이터가 설치되어 있으니, 이 프로그램은 부작위로 시청자들에게 잘못된 정보를 제공한 것입니다. 2004년 아테네 올림픽과 패럴림픽 개최가 결정되자 아테네시는 장애인 선수들과 관객들을 위해 장애인 편의시설을 최대한 확충했습니다. 그 일환으로 파르테논 신전에 이르는 절벽에 엘리베이터를 설치했던 것입니다.

만약 〈알쓸신잡〉 스태프들이 장애인에게 필요한 정보를 미리 검색하여 프로그램에 살짝 실어 주었더라면 많은 장애인들에게 감동과 희망을 선사하는 프로그램이 되었을 것입니다.

다시 제작한다면 이러한 소망이 실현되리라고 기대합니다.

# 1장

# 노후 안정의 길잡이, 고령사회 법제

## 1. 세계 최고의 고령화 속도

65세 이상 인구가 총인구에서 차지하는 비율이 7% 이상이면 고령화사회 aging society, 65세 이상 인구가 총인구에서 차지하는 비율이 14% 이상이면 고령사회 aged society라고 하고, 65세 이상 인구가 총인구에서 차지하는 비율이 20% 이상이면 후기고령사회혹은 초고령사회 post-aged society라고 합니다.

우리나라는 2000년에 고령인구가 전체 인구의 7%를 넘어서면서 고령화사회에 진입했고, 2017년에는 고령인구 비율이 전체인구의 14%에 도달하여 고령사회에 진입했으며, 2025년경이면초고령사회가 될 것으로 예측하고 있습니다.

특히 고령화사회에서 초고령사회로 진입하는 데 26년이 소요

될 것으로 추계하는바, 이는 고령화를 먼저 경험한 일본과 비교해 9년이나 빠른 것으로 우리나라 고령화 진행속도의 심각성을 읽을 수 있습니다.


## 2. 고령사회, 새로운 법제가 필요하다

OECD 37개국 중 우리나라의 저출산 및 고령화 속도가 가장 빠른 것으로 나타났습니다. 2021년 한국경제연구원은 "저출산·고령화 추세 국제비교와 정책시사점" 분석을 통해 이같이 밝히며, 저출산·고령화에 따른 성장력 잠식과 재정여력 약화에 대비한 중장기적 대책을 마련해야 한다고 주장했습니다.

OECD 통계에 따르면, 우리나라 합계출산율은 1970년 4.53명에서 2018년 0.98명으로 연평균 3.1%씩 감소하여 OECD 37개국 중 저출산 속도가 가장 빠른 것으로 나타났습니다.

OECD 회원국 중 고령인구 비중이 높은 일본, 이탈리아, 스페인 3개국과 비교한 결과, 우리나라는 가장 빠른 고령화비율 상승으로 2036년에 고령화비율 OECD 3위인 이탈리아를 제칠 것으로 예상됩니다. 이어서 2050년에는 고령화비율 OECD 2위인 스페인의 37.7%보다 불과 0.3%p 낮은 37.4%로 OECD의 세 번째 고령국가가 될 것으로 전망됩니다.

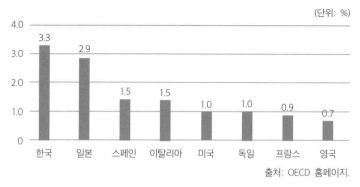

그림 1-1  OECD 주요국의 연평균 고령화비율 증가율 (1970~2018)

(단위: %)

출처: OECD 홈페이지.

한국경제연구원은 고령인구 비중의 상승은 재정건전성 악화를 초래할 가능성이 높으므로 저출산·고령화 심화에 대응한 성장잠재력 보강책과 재정건전성 확보책을 마련할 필요가 있다고 주장했습니다. 성장잠재력 보강을 위해서는 기업 경영활동 관련 규제를 혁파하고 노동시장 유연성 및 경제활동 참여 유인을 높여야 한다고 지적했습니다. 재정여력 감소에 대비해서는 경제위기 등 특별한 경우를 제외하고는 정부가 재정건전성 의무를 준수하도록 법제화된 제도를 마련할 필요가 있다고 강조했습니다.

아울러 출산율 제고를 통한 고령화 극복은 오랜 시간이 걸리므로 출산, 육아 및 교육여건 등 사회·경제적 유인체계를 출산율을 높이는 방향으로 개편하여 긴 안목으로 정책을 추진하는 한편, 이민정책도 고려할 필요가 있다고 덧붙였습니다.

과거에는 치매 상태로 지내는 기간이 짧은 편이었지만, 오늘날은 일반적으로 10년 이상 고생하다가 죽음을 맞이합니다. 유언, 상속 등 사망 관련 법제는 비교적 잘 정비되었으므로, 이제 사망 이전 단계를 준비하는 후견이나 신탁 같은 새로운 법제에 관심을 가져야 합니다.


## 3. 성년후견제도의 입법 과정

2004년 무렵에 저는 변호사업을 계속하기보다는 공직을 맡아 본격적으로 이 나라를 바꾸는 일에 도전했습니다. 노동부 산하 한국장애인고용촉진공단 이사장 공모에서 선발되어 장애인고용정책의 첨단에서 일할 기회를 얻은 것입니다.

한국장애인고용촉진공단 이사장 취임식 (2004. 6). 삼성전자 맞춤훈련 입소식 (2006. 4).

그때까지 장애인에게 개방되지 않았던 삼성전자에 수천 명의 장애인을 진출시키는 등 대기업을 비롯한 제대로 된 장애인 일자리 개척에 성과를 내면서 열심히 일했습니다. 공단 역사상 최초로 연임에 성공하기도 했습니다.

그런데 이명박 정권이 들어서자, 단순히 정권이 바뀌었다는 이유로 사퇴하라는 압박이 심해졌습니다. 만약 사퇴에 불응하면 저를 믿고 따르던 부하직원에게 감사를 개시하겠다는 식이었습니다. 저는 공단 이사장을 사직했습니다.

그 후 새로운 길을 모색하던 어느 날, 당시 손학규 대표가 이끌던 통합민주당에서 비례대표 후보를 공모하는 신문 광고를 보았습니다. 그때까지 저는 제대로 아는 국회의원 한 명도 없었지만, 세상을 믿고 정성껏 공모서류를 작성하여 제출했습니다.

그런데 제가 18대 국회의원이 되는 기적 같은 일이 벌어졌습니다. 통합민주당의 비례대표 2번으로 추천되었다는 사실을 신문 보도를 통해 전달받을 정도로 공정한 절차를 거친 결과였습니다.

국회의원이 되면 보좌진을 7, 8명가량 임명할 수 있습니다. 대부분의 국회의원은 비례대표 초선을 발판으로 재선, 3선을 노리기 때문에 전략적으로 보좌진의 절반 이상을 선거 전문가로 채우는 경우가 많습니다.

그러나 저는 비례대표 의원은 주어진 임기 4년만 성실하게 수행하는 것이 제도의 취지에 맞다고 생각했습니다. 그래서 단임

장애인연금법 제정안 발의 (2009. 4. 2)

만 성실히 수행할 것을 결심한 터라 보좌진 전부를 그 분야의 최고 전문가로 선발했습니다.

마침 통합민주당이 총선에서 80여 석에 그치는 대패를 하여 민주당 소속 보좌직원들이 일자리 얻기가 매우 힘든 형편이어서, 저는 우수한 보좌진을 마음껏 고를 수 있었습니다. 당시 제가 뽑은 보좌진 개개인은 지금도 해당 분야에서 최고 전문가로 평가받을 정도로 우수한 재원들이었습니다.

저는 이 최고 전문가들과 4년간 함께하면서 그동안 장애인을 차별하던 법들을 모두 찾아내어 시정하고, 장애인 권익을 향상시키는 법률을 발의, 입법하면서 인생에서 가장 보람찬 나날을 보냈습니다.

비록 제가 속한 정당은 80여 석의 소수 야당이었지만, 저는 여당의 동료 장애인 의원들과 적극적으로 연대함으로써 장애인연금법, 장애인활동지원법 등 주요 입법을 이루어낼 수 있었습니다. 그리고 마침내 성년후견제도 도입을 주요 내용으로 하는 민법 개정까지 성공했습니다.

제가 지체장애인이다 보니, 장애인 권익도 지체장애인 중심으로 생각하는 편이었습니다. 그러나 국회의원의 시각에서 균형 있게 살펴보니, 발달장애나 정신장애 분야가 상대적으로 세계 보편적 기준에서 뒤처졌음을 발견하여 이 분야 입법에 힘을 더 보탰습니다.

발달장애는 장애인복지법상 지적장애와 자폐장애를 포함하는 개념이고, 정신장애는 당시 용어로 정신분열, 우울증 등을 포함하는 개념이었습니다. 실제로 소아마비가 퇴치되고 산업재해나 교통사고 출현율이 감소하면서 지체장애 출현율은 완만하게 감소하는 추세였으나, 발달장애나 정신장애는 계속 상승 추세를 보였습니다.

## 4. 인권 사각지대의 희망

우리나라는 자유시장경제 체제를 선택하여 우리 민법은 기본적
으로 계약자유의 원칙을 채택하고 있습니다. 본인이 선택한 계
약 내용이 최우선적으로 적용되는 것이지요.

그렇다면 계약 내용을 이해하지 못하는 장애인은 어떻게 될까
요? 과거에는 이들을 금치산자 또는 한정치산자라고 부르며 민
법에서 예외적 존재로 취급했습니다. 자본주의 사회에서 재산을
가질 수 없는 존재로 여겼기 때문에, 인권 개념으로 접근할 수
없는 인권 사각지대에 방치되었던 것이지요.

이 점을 반성하여 근대 민법의 출발지인 독일에서부터 성년후
견제도를 도입하는 변화의 움직임을 보였습니다. 독일은 1992년
부터 종래의 민법상 무능력제도를 버리고 인권 개념을 갖춘 성년
후견제도를 시행했습니다.

저는 일본이 2000년대 초에 성년후견제를 정착시키는 모습을
면밀히 살펴보면서, 우리 민법 개정을 통해 성년후견제를 도입
해야겠다고 결심했습니다.

입법에서는 이 경우 특별법 제정을 통해 목적을 달성할 수 있기
에, 많은 국회의원은 특별법 발의 형식으로 접근하는 것이 일반적
이었습니다. 그러나 저는 다소 어렵더라도 민법 개정 형식을 고집
했습니다. 왜냐하면 대부분의 로스쿨에서 민법 같은 기본법은 전

성년후견제도를 위한 민법개정안 대표 발의 (2010. 1. 8).

담교수를 두었고, 주요 국가시험에시 시험과목으로 채택하여 학생들도 반드시 수강하는 등 법 시행 전반에서 주목받는 구조임을 간파했기 때문입니다.

성년후견제도는 실제로 민법 개정 형식으로 도입되어 많은 민법 전공 교수들의 주목을 받았습니다. 또한 변호사시험 등에서 출제 가능성이 높은 분야로 꼽히면서 많은 학생들의 관심을 받는 제도로 떠올랐습니다.

성년후견제도 입법 과정에서 가장 인상 깊었던 만남은 당시 법무부 법무심의관실 소속이면서 법무부 민법개정위원회 간사였던 구상엽 검사와의 만남이었습니다. 그때 이후 지금까지 교유하고 있는데, 그처럼 성실하고 능력 있는 검사는 보지 못했습니다.

구 검사는 자신의 업무에 충실할 뿐만 아니라 성년후견제도가 지적·정신적 장애인들과 가족의 염원을 담아내는 과정임을 충분히 인식하고 그들과 만나 이야기를 듣는 과정을 소홀히 하지 않았습니다.

워낙 진지하게 입법을 위해 노력하였기에, 당시 의원회관에 있던 제 사무실에 수없이 방문하여 같이 전략을 짜고 노력했습니다. 민법개정안이 통과되던 날 함께 기뻐하며 서로 격려했던 기억이 납니다.

이후 그는 "개정 민법상 성년후견제도에 대한 연구"라는 논문으로 서울대에서 박사학위를 받았습니다. 《장애인을 위한 성년후견제도》라는 좋은 책도 출간했습니다. 이 책에서 그는 처음 장애인단체를 찾아갔을 때 장애인들의 거부감과 의혹에 찬 눈길을 마주했지만, 만남이 거듭됨에 따라 차가운 시선이 따뜻한 격려로 바뀌는 것을 느끼면서 큰 보람을 느꼈다고 회고하면서, 우리나라 성년후견제도 입법 과정에서 장애인들의 역할이 컸다는 점을 강조했습니다.

## 5. 율촌과 성년후견

저는 2012년 6월 18대 국회의원직을 단임으로 마치고, 법무법인 율촌에 고문 겸 변호사로 입사하였습니다. 1997년 변호사 10명으로 시작한 로펌이 15년 만에 변호사 300명이 넘는 로펌으로 급성장하고 있었습니다.

율촌의 창립자라고 할 수 있는 우창록 변호사는 자신이 가진 돈과 에너지, 시간의 20%는 공익활동에 쓰자는 철학을 가진 분이었습니다. 그리하여 율촌은 설립 초기부터 공익위원회를 두어 소속원의 공익활동을 적극 장려했습니다. 저에게도 공익위원회 합류 기회가 주어진 것은 큰 행운이었습니다.

2014년부터는 공익활동 전담 사단법인 온율을 설립하여, 전문적이고 체계적인 공익활동을 구상하게 되었습니다. 이때 저는 율촌의 공익위원들에게 성년후견제도가 막 입법된 새 제도로 성공적인 정착과 발전을 위해서는 법조인들의 관심과 홍보가 절실함을 강조했습니다. 그 결과, 성년후견제의 정착과 홍보를 위한 지원을 온율의 정관 사업으로 수용해 주었습니다.

이후 저는 관심 있는 율촌의 변호사들과 사내 성년후견연구회를 만들고, 정기적 세미나를 통해 전문성을 키워 나갔습니다. 연 1회 성년후견 관련 핫이슈를 가지고 개최하는 성년후견 심포지엄은 8회를 넘으며 우리나라 대표 심포지엄이 되었습니다.

그리고 서울가정법원 등에서 온율의 전문성을 인정하여 주요 사건의 후견법인으로 많이 지정하여 사단법인 온율은 실무능력에서도 풍부한 경험을 갖춘 후견법인으로 성장하고 있습니다.

2018년 서울에서 세계성년후견대회를 개최한 것을 계기로 율촌의 소순무 변호사를 회장으로 모시고 한국후견협회를 만들어, 후견제도의 발전을 위해 많은 노력을 기울이고 있습니다.

# 2장

# 고령사회의 동반자, 성년후견제도

## 1. 누구나 언젠가 늙는다

올해 퇴직 10년차에 접어든 A씨는 요새 여러모로 고민이 많습니다. 몇 년 전부터 부쩍 이것저것 잘 잊어버리고, 했던 말을 또하는 증상을 반복했던 것입니다. 주변 친구들로부터 "치매 검사를 받아봐야 하는 것 아니냐?"는 말도 들었지만, 차일피일 검사를 미루곤 했습니다. 그러다가 올해 설마 하는 마음으로 검사를 받았는데, 치매 초기이고 앞으로 증상이 더 심해질 수 있다는 진단을 받았습니다.

A씨에게는 아들 하나와 딸 하나가 있습니다. 딸은 A씨와 지속적으로 교류하고 있지만, 아들은 A씨와 사이가 멀어져 연락을 끊은 지 오래되었습니다. 만약 A씨의 치매증상이 더 심해져 정

그림 2-1 65세 이상 치매환자 추이 및 상속재산 분할청구 건수

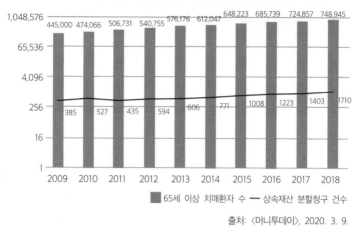

출처: 〈머니투데이〉, 2020. 3. 9.

상적 판단을 할 수 없을 지경에 이른다면, A씨의 재산을 놓고 두 자녀 간에 갈등이 생길 것은 불 보듯 뻔한 일입니다.

고령화가 진행될수록 A씨와 같은 고민을 가진 사람들이 점점 많아지고 있습니다. 국내 통계에 따르면, 65세 이상 치매환자는 지난 10여 년간 꾸준히 증가하여 2018년 74만 명을 넘겼습니다. 상속재산 분할청구 건수 역시 10년 전보다 약 4배 증가했다고 합니다.

상속에 관해 구체적으로 생각해 보기 전에, A씨와 같은 사람들이 해야 할 일은 바로 법원을 찾아가는 것입니다. 그 이유는 자신의 후견인을 선임해야 하기 때문입니다.

## 2. 성년후견제도는 왜 만들어졌을까?

'후견' 하면 무엇이 떠오르십니까? 아마 미성년자의 법정대리인을 떠올리는 분이 많을 것입니다. 성년이 된 사람은 스스로 판단하여 사회생활을 하고 법률적 결정을 내릴 권리가 있기 때문입니다.

하지만 앞에서 살펴본 사례와 같이 고령에 의한 치매 등으로 성년이더라도 판단능력을 상실할 수 있습니다. 이러한 경우 성인에게도 후견인이 필요합니다. 특히 고령의 치매환자처럼 판단력이 온전치 못한 상태에서는 여러 가지 실수를 할 가능성이 높은데, 이때 후견인이 없다면 그 실수를 되돌릴 수 없습니다.

판례를 살펴보면, 우리나라 법원에서는 파킨슨병과 치매를 동시에 앓고 있으며 시간, 장소, 사람에 대한 인지기능이 저하된 노인 및 만 90세로 치매와 심한 단기 기억장애를 앓고 있는 노인에 대해 후견개시가 없다는 이유를 들어 그들의 법률행위 취소를 허용하지 않았습니다.

또한, 2018년 치매노인에게 아들인 척 접근하여 전 재산을 훔쳐간 남성이 붙잡힌 사례 등 치매환자를 대상으로 한 사기범죄가 증가하고 있습니다. 만약 후견인이 선임되어 있다면 후견인의 취소권을 행사할 수 있으므로 이러한 피해를 방지할 수 있습니다. [1]

---

1    〈한국경제〉, 2019. 2. 12.

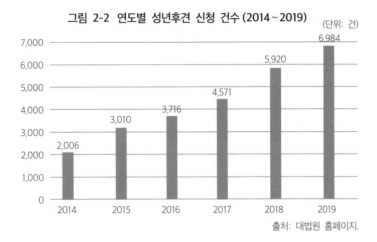

그림 2-2 연도별 성년후견 신청 건수 (2014~2019)

(단위: 건)

출처: 대법원 홈페이지.

과거에는 주로 가까운 가족들이 후견인 역할을 하곤 했습니다. 하지만 아무리 가족이더라도 서로를 돌보는 일은 결코 쉽지 않습니다. 당사자도 가족에게 부담을 주고 싶지 않을 수 있습니다. 뿐만 아니라 재산상속 문제가 개입되므로 자녀들 간 분쟁의 소지도 다분합니다.

지금부터 살펴볼 성년후견제도는 이러한 문제들을 해결하기 위해 2013년 민법 개정을 통해 도입되었습니다. 현재 성년후견제도는 후견이 필요한 당사자의 특성에 따라 성년후견, 한정후견, 특정후견, 임의후견으로 나누어 이용할 수 있습니다.

후견의 내용과 범위는 법원이 공정하게 개입하여 친족이나 제3자를 후견인으로 자유롭게 정하고 후견인의 권한을 통제합니다. 후견개시 이후에도 법원은 후견인을 감독하는 제도를 두어 피후견인의 권리가 잘 지켜지고 있는지 확인합니다. 즉, 개정된 성년후견제도는 법원과 국가가 개입하여 더욱 공정하고 투명한 후견활동이 가능합니다. **2**

대법원 통계에 따르면, 2019년 성년후견 신청 건수는 6,984건으로 2014년보다 약 3.5배 증가했으며, 향후 더 가파르게 증가할 것으로 예견됩니다.

## 3. 나에게 맞는 후견 유형 찾고 이용하기

### 성년후견의 유형

성년후견제도는 크게 법정후견과 임의후견으로 나뉘며, 법정후견은 다시 성년후견, 한정후견, 특정후견으로 나뉩니다.

우선 성년후견은 질병, 장애, 노령, 그 밖의 사유로 인한 정신적 제약으로 사무를 처리할 능력이 '지속적'으로 결여된 사람에 대하여 청구할 수 있습니다(민법 제9조 1항). 성년후견 선고 시 후견인은 본인이 이미 한 법률행위를 취소할 수 있고(민법 제10조), 법정대리를 할 수 있으며(민법 제938조), 본인의 신상에 관한 내용을 결정할 수 있습니다(민법 제947조의 2). **3**

---

**2**  〈이코노믹 리뷰〉, 2019. 5. 28.

**3**  〈이코노믹 리뷰〉, 2019. 5. 25.

**표 2-1 성년후견제도의 유형**

| 성년후견제도 | | | |
|---|---|---|---|
| 법정후견 | | | 임의후견 |
| 성년후견 | 한정후견 | 특정후견 | - |

## 제9조 (성년후견 개시의 심판)

1. 가정법원은 질병, 장애, 노령, 그 밖의 사유로 인한 정신적 제약으로 사무를 처리할 능력이 지속적으로 결여된 사람에 대하여 본인, 배우자, 4촌 이내의 친족, 미성년후견인, 미성년후견감독인, 한정후견인, 한정후견감독인, 특정후견인, 특정후견감독인, 검사 또는 지방자치단체 장의 청구에 의하여 성년후견 개시의 심판을 한다.

## 제10조 (피성년후견인의 행위와 취소)

1. 피성년후견인의 법률행위는 취소할 수 있다.

2. 제1항에도 불구하고 가정법원은 취소할 수 없는 피성년후견인의 법률행위의 범위를 정할 수 있다.

3. 가정법원은 본인, 배우자, 4촌 이내의 친족, 성년후견인, 성년후견감독인, 검사 또는 지방자치단체 장의 청구에 의하여 제2항의 범위를 변경할 수 있다.

4. 제1항에도 불구하고 일용품의 구입 등 일상생활에 필요하고 그 대가가 과도하지 아니한 법률행위는 성년후견인이 취소할 수 없다.

## 제938조 (후견인의 대리권 등)

1. 후견인은 피후견인의 법정대리인이 된다.

2. 가정법원은 성년후견인이 제1항에 따라 가지는 법정대리권의 범위를 정할 수 있다.

3. 가정법원은 성년후견인이 피성년후견인의 신상에 관하여 결정할 수 있는 권한의 범위를 정할 수 있다.

4. 제2항 및 제3항에 따른 법정대리인의 권한의 범위가 적절하지 아니하게 된 경우에 가정법원은 본인, 배우자, 4촌 이내의 친족, 성년후견인, 성년후견감독인, 검사 또는 지방자치단체 장의 청구에 의하여 그 범위를 변경할 수 있다.


## 제947조의 2 (피성년후견인의 신상 결정 등)

1. 피성년후견인은 자신의 신상에 관하여 그의 상태가 허락하는 범위에서 단독으로 결정한다.

2. 성년후견인이 피성년후견인을 치료 등의 목적으로 정신병원이나 그 밖의 다른 장소에 격리하려는 경우에는 가정법원의 허가를 받아야 한다.

3. 피성년후견인의 신체를 침해하는 의료행위에 대하여 피성년후견인이 동의할 수 없는 경우에는 성년후견인이 그를 대신하여 동의할 수 있다.

4. 제3항의 경우 피성년후견인이 의료행위의 직접적인 결과로 사망하거나 상당한 장애를 입을 위험이 있을 때에는 가정법원의 허가를 받아야 한

다. 다만, 허가절차로 의료행위가 지체되어 피성년후견인의 생명에 위험을 초래하거나 심신상의 중대한 장애를 초래할 때에는 사후에 허가를 청구할 수 있다.

5. 성년후견인이 피성년후견인을 대리하여 피성년후견인이 거주하고 있는 건물 또는 그 대지에 대하여 매도, 임대, 전세권 설정, 저당권 설정, 임대차의 해지, 전세권의 소멸, 그 밖에 이에 준하는 행위를 하는 경우에는 가정법원의 허가를 받아야 한다.

## 제12조 (한정후견 개시의 심판)

1. 가정법원은 질병, 장애, 노령, 그 밖의 사유로 인한 정신적 제약으로 사무를 처리할 능력이 부족한 사람에 대하여 본인, 배우자, 4촌 이내의 친족, 미성년후견인, 미성년후견감독인, 성년후견인, 성년후견감독인, 특정후견인, 특정후견감독인, 검사 또는 지방자치단체 장의 청구에 의하여 한정후견 개시의 심판을 한다.

## 제13조 (피한정후견인의 행위와 동의)

1. 가정법원은 피한정후견인이 한정후견인의 동의를 받아야 하는 행위의 범위를 정할 수 있다.
2. 가정법원은 본인, 배우자, 4촌 이내의 친족, 한정후견인, 한정후견감독인, 검사 또는 지방자치단체 장의 청구에 의하여 제1항에 따른 한정후견인의 동의를 받아야만 할 수 있는 행위의 범위를 변경할 수 있다.
3. 한정후견인의 동의를 필요로 하는 행위에 대하여 한정후견인이 피한정후

견인의 이익이 침해될 염려가 있음에도 그 동의를 하지 아니하는 때에는 가정법원은 피한정후견인의 청구에 의하여 한정후견인의 동의를 갈음하는 허가를 할 수 있다.

4. 한정후견인의 동의가 필요한 법률행위를 피한정후견인이 한정후견인의 동의 없이 하였을 때에는 그 법률행위를 취소할 수 있다. 다만, 일용품의 구입 등 일상생활에 필요하고 그 대가가 과도하지 아니한 법률행위에 대하여는 그러하지 아니하다.

### 제959조의 4 (한정후견인의 대리권 등)

1. 가정법원은 한정후견인에게 대리권을 수여히는 심판을 할 수 있다.
2. 한정후견인의 대리권 등에 관하여는 제938조 제3항 및 제4항을 준용한다.

만약 일시적 후원이 필요하거나 특정한 사무에 관한 후원이 필요한 경우에는 특정후견을 고려해 볼 수 있습니다. 특정후견은 성년후견이나 한정후견과 달리 취소권이나 동의권을 가질 수 없고 특정한 사무 또는 기간 동안 후견사무에 대한 대리권만 가집니다. [4]

---

**4**  〈이코노믹 리뷰〉, 2019. 5. 25.

**제14조의 2 (특정후견의 심판)**

1. 가정법원은 질병, 장애, 노령, 그 밖의 사유로 인한 정신적 제약으로 일시적 후원 또는 특정한 사무에 관한 후원이 필요한 사람에 대하여 본인, 배우자, 4촌 이내의 친족, 미성년후견인, 미성년후견감독인, 검사 또는 지방자치단체 장의 청구에 의하여 특정후견의 심판을 한다.

성년후견인은 폭넓은 대리권을 가지고 도움이 필요한 사람의 법률행위를 대리합니다. 반면, 한정후견인이나 특정후견인의 권한은 비교적 제한적이며, 피후견인의 법률행위에 주로 동의하는 방식으로 지원합니다. [5]

## 성년후견 심판 절차

그렇다면 성년후견 심판 절차는 어떻게 진행될까요?

우선 앞에서 설명한 법정후견의 세 가지 유형, 성년후견, 한정후견, 특정후견을 꼼꼼히 살펴보고, 피후견인이 어떠한 항목에 해당하는지 정한 후, 해당 항목에 맞는 성년후견 개시 심판청구서를 작성하여 법원에 제출해야 합니다.

성년후견 개시 심판청구서를 법원에 제출하면 법원은 가사조사, 정신감정, 당사자심문 등의 절차를 거쳐 심리하여 성년후견의 유형과 범위, 그리고 후견인을 정합니다.

---

[5]　한화생명 블로그, 2019. 4. 30.

## 그림 2-3  성년후견 개시 심판청구서 서식

### 성년후견개시 심판청구서

인지액 5,000원<br>
× 사건본인 수

청구인   성        명 :        (☎ :            )
주민등록번호 :
주       소 :
사건본인과의 관계 :

사건본인   성       명 :      (출생연월일:     / 성별 : 남, 여 )
주민등록번호(외국인등록번호) :
주       소 :
등록기준지(국적) :

### 청 구 취 지

1. 사건본인에 대하여 성년후견을 개시한다.
2. 사건본인의 성년후견인으로 [성명:     (☎ :        ) 주민등록
번호:    -      , 주소 :         ]를
선임한다.
라는 심판을 구합니다.

### 청 구 원 인

(뒷장 작성 예시 참조)

## 그림 2-3  계속

※ 성년후견인으로 아래와 같이 추천합니다.

| 성년후견인<br>후보자 | 성명 | |
|---|---|---|
| | 주소 | |
| | 주민등록번호 | |
| | 직업 | |
| | 사건본인과의 관계 | |

### 첨 부 서 류

1. 가족관계증명서,기본증명서,주민등록표등(초)본(사건본인)                각1통
2. 가족관계증명서,주민등록표등(초)본(청구인 및 후견인후보자)               1통
3. 사건본인의 후견등기사항전부증명서(말소 및 폐쇄사항 포함) 또는  후견등기사항부
   존재증명서(전부)                                              1통
4. 청구인 및 후견인후보자와 사건본인과의 관계를 밝혀줄 자료              1통
   (가족관계증명서, 제적등본 등)
5. 후견인 후보자의 범죄경력조회 회보서(실효된 형 포함)                   1통
6. 선순위 추정상속인들의 동의서(인감날인 및 인감증명서 첨부 필요)          1통
7. 진단서 및 진료기록지 등                                         1통
8. 사전현황설명서/재산목록/취소권·동의권·대리권 등 권한범위              각1부
9. 기타(소명자료)                                               각1부

20  .    .    .

청구인 :                    (서명 또는 날인)

서울○○법원  귀중

---

※ 청구원인 작성 예
1. 청구인은 사건본인의 아들입니다.
2. 사건본인은 약 7년 전부터 노인성 치매 증세가 나타나 병원에서 치료를 받아 왔는데, 3년 전부터
   상태가 급격히 악화되어 ○○병원에서 요양 중에 있습니다. 현재 사건본인은 아들인 청구인조차
   알아보지 못할 정도이므로 일상생활의 사무를 처리할 능력이 전혀 없고, 향후에도 증세가 호전될
   가능성이 매우 희박합니다.
3. 청구인은 아들로서 사건본인을 정성껏 돌보아 왔으나 치료비와 요양비 부담이 만만치 않고, 사건
   본인 소유 부동산의 관리에 많은 어려움을 겪고 있으므로, 이 사건 심판을 통해 성년후견인으로
   서의 지위를 인정받고, 사건본인의 부동산을 관리하여 그 수익을 사건본인을 개호하는 비용으로
   사용하고자 합니다.
4. 사건본인의 성년후견인으로는 아들인 청구인이 선임되기를 원하며, 그 권한의 범위는 별지 기재와
   같이 정해지기를 원합니다.
5. 이러한 이유로 이 사건 청구에 이르게 되었습니다.

☞ 유의사항
1. 관할법원은 사건본인의 주소지 가정법원입니다.
2. 위 첨부서류 이외에도 절차진행에 따라 추가서류가 필요할 수 있습니다.
3. 정신감정을 하는 것이 원칙이고, 정신감정시 감정 예납이 필요하며 추가비용(검사비, 입원비 등)이
   발생할 수 있습니다.
4. 청구인이 청구한 후견인후보자가 후견인으로 반드시 지정되는 것은 아닙니다.
5. 후견인후보자의 범죄경력·수사경력조회회보서, 신용조회서 등 추가서류가 필요할 수 있습니다.
6. ☎ 란에는 연락 가능한 휴대전화번호(전화번호)를 기재하시기 바랍니다.

출처: 대한민국 법원 전자민원센터.

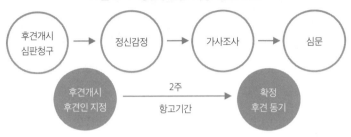

그림 2-4 성년후견인 지정 심판 과정

후견개시
심판청구
→ 정신감정 → 가사조사 → 심문

후견개시
후견인 지정
──2주──→
항고기간
확정
후견 동기

출처: 한화생명 블로그, 2019. 4. 30.

이때 정신감정은 성년후견 심판의 독특한 절차로, 법원은 피후견인 의무기록 등을 참고해 가장 적합한 후견 유형을 선정합니다.

### 제45조의 2 (정신상태의 감정 등)

1. 가정법원은 성년후견 개시 또는 한정후견 개시의 심판을 할 경우에는 피성년후견인이 될 사람이나 피한정후견인이 될 사람의 정신상태에 관하여 의사에게 감정을 시켜야 한다. 다만, 피성년후견인이 될 사람이나 피한정후견인이 될 사람의 정신상태를 판단할 만한 다른 충분한 자료가 있는 경우에는 그러하지 아니하다.
2. 가정법원은 특정후견의 심판을 할 경우에는 의사나 그 밖에 전문지식이 있는 사람의 의견을 들어야 한다. 이 경우 의견을 말로 진술하게 하거나 진단서 또는 이에 준하는 서면으로 제출하게 할 수 있다.

성년후견 심판 절차를 종합하여 간단한 도식으로 표현하면 그림 2-4와 같습니다.

## 4. 미래 위험에 대비하는 임의후견

다시 A씨의 사례로 돌아가 봅시다. A씨에게는 친구 B씨가 있습니다. B씨는 A씨 이야기를 듣고 깊은 고민에 빠졌습니다. B씨는 아직 치매에 걸리지 않았지만, 고령이라 언제 무슨 사고로 판단력이 흐려질지 알 수 없습니다. B씨는 혹시 자신도 가까운 미래에 A씨와 같은 상황에 놓일까 봐 걱정되어, 만일의 상황에 대비하고 싶습니다. 이 경우 B씨는 임의후견을 고려해 볼 수 있습니다.

임의후견을 활용하면 정상적 판단능력을 갖춘 상태에서도 후견인 계약을 맺을 수 있습니다(민법 제959조의 14, 1항). 후견계약을 통해 우선 임의후견인이 될 사람(임의후견수임인)을 선정한 후, 제959조의 14, 3항에 따라 임의후견감독인이 선임되면 임의후견수임인은 비로소 임의후견인으로서 온전한 지위와 권한을 가지게 됩니다. 이때 임의후견감독인은 후견계약이 등기된 상태에서 피후견인이 사무를 처리할 능력이 부족한 상황에 있을 경우 선임됩니다(제959조의 15).

### 제959조의 14 (후견계약의 의의와 체결방법 등)

1. 후견계약은 질병, 장애, 노령, 그 밖의 사유로 인한 정신적 제약으로 사무를 처리할 능력이 부족한 상황에 있거나 부족하게 될 상황에 대비하여 자신의 재산관리 및 신상보호에 관한 사무의 전부 또는 일부를 다른 자에게 위탁하고 그 위탁사무에 관하여 대리권을 수여하는 것을 내용으

로 한다.

2. 후견계약은 공정증서로 체결하여야 한다.

3. 후견계약은 가정법원이 임의후견감독인을 선임한 때부터 효력이 발생한다.

4. 가정법원, 임의후견인, 임의후견감독인 등은 후견계약을 이행, 운영할 때 본인의 의사를 최대한 존중하여야 한다.

## 제959조의 15 (임의후견감독인의 선임)

1. 가정법원은 후견계약이 등기되어 있고, 본인이 사무를 처리할 능력이 부족한 상황에 있다고 인정할 때에는 본인, 배우자, 4촌 이내의 친족, 임의후견인, 검사 또는 지방자치단체 장의 청구에 의하여 임의후견감독인을 선임한다.

2. 제1항의 경우 본인이 아닌 자의 청구에 의하여 가정법원이 임의후견감독인을 선임할 때에는 미리 본인의 동의를 받아야 한다. 다만, 본인이 의사를 표시할 수 없는 때에는 그러하지 아니하다.

3. 가정법원은 임의후견감독인이 없게 된 경우에는 직권으로 또는 본인, 친족, 임의후견인, 검사 또는 지방자치단체 장의 청구에 의하여 임의후견감독인을 선임한다.

4. 가정법원은 임의후견감독인이 선임된 경우에도 필요하다고 인정하면 직권으로 또는 제3항의 청구권자의 청구에 의하여 임의후견감독인을 추가로 선임할 수 있다.

5. 임의후견감독인에 대하여는 제940조의 5를 준용한다.

우리나라는 나쁜 일을 미리 대비하는 것을 터부시하는 경향이 있어서 아직 임의후견이 활성화되지 않은 편입니다. 2019년 서울가정법원 기준 전체 후견 사건 3,112건에서 임의후견은 4건에 불과했다고 합니다.6

하지만 고령화가 급격히 진행되고 있는 현실 속에서, 본인의 의사를 효과적으로 표현할 수 있을 때 후견인을 선임하여 대비하는 것은 매우 유효한 전략이라 할 수 있습니다.

## 5. 피후견인을 보호하는 후견감독인

A씨와 B씨가 후견심판 절차를 성공적으로 마무리하여 후견개시에 성공했다고 합시다. 그래도 둘은 혹시 후견인이 흑심을 품을까 봐 계속 불안할 수 있습니다.

결론부터 말하면, A씨와 B씨는 크게 걱정할 필요가 없습니다. 현행 성년후견제도하에서 법원은 후견인이 권한을 행사하는 데에 적극적으로 개입하여 피후견인의 피해를 최소화하려고 노력하기 때문입니다. 그중 대표적인 것이 후견감독인 제도입니다.

후견감독인은 가정법원의 필요 또는 관련인의 청구에 의해 선

---

6    〈대한변협신문〉, 2020. 2. 17.

임될 수 있습니다(민법 제940조의 4). 이때 후견인의 가족은 후견
감독인이 될 수 없고(제940조의 5), 후견인의 특정 행위에 대해
서는 후견감독인의 동의를 받아야 합니다(제950조 제1항). 후견
인과 피후견인 사이에 이해가 상반되는 행위에 관해서는 후견감
독인이 피후견인을 대리합니다(제940조의 6, 제3항). **7**

## 제940조의 4 (성년후견감독인의 선임)

1. 가정법원은 필요하다고 인정하면 직권으로 또는 피성년후견인, 친족, 성
   년후견인, 검사, 지방자치단체 장의 청구에 의하여 성년후견감독인을 선
   임할 수 있다.

2. 가정법원은 성년후견감독인이 사망, 결격, 그 밖의 사유로 없게 된 경우
   에는 직권으로 또는 피성년후견인, 친족, 성년후견인, 검사, 지방자치단
   체 장의 청구에 의하여 성년후견감독인을 선임한다.

## 제940조의 5 (후견감독인의 결격사유)

제779조에 따른 후견인의 가족은 후견감독인이 될 수 없다.

## 제779조(가족의 범위)

1. 다음의 자는 가족으로 한다.
   ① 배우자, 직계혈족 및 형제자매

---

**7** 〈이코노믹 리뷰〉, 2019. 5. 25.

② 직계혈족의 배우자, 배우자의 직계혈족 및 배우자의 형제자매

2. 제1항 제2호의 경우에는 생계를 같이하는 경우에 한한다.

## 제940조의 6 (후견감독인의 직무)

3. 후견인과 피후견인 사이에 이해가 상반되는 행위에 관하여는 후견감독인
이 피후견인을 대리한다.

## 제950조 (후견감독인의 동의를 필요로 하는 행위)

1. 후견인이 피후견인을 대리하여 다음 각호의 어느 하나에 해당하는 행위
를 하거나 미성년자의 다음 각호의 어느 하나에 해당하는 행위에 동의할
때는 후견감독인이 있으면 그의 동의를 받아야 한다.

① 영업에 관한 행위

② 금전을 빌리는 행위

③ 의무만을 부담하는 행위

④ 부동산 또는 중요한 재산에 관한 권리의 득실변경을 목적으로 하는
행위

⑤ 소송행위

⑥ 상속의 승인, 한정승인 또는 포기 및 상속재산의 분할에 관한 협의

## 6. 떠오르는 전문후견인과 공동후견인

현재 우리나라 성년후견인의 대부분은 친족후견인입니다. 친족후견인은 피후견인의 상황을 잘 알기 때문에, 피후견인의 필요에 딱 맞는 후견 업무를 할 수 있다는 장점이 있습니다.

하지만 친족후견인은 자신의 재산과 피후견인의 재산을 혼동할 수 있기 때문에 횡령이나 배임의 유혹에 쉽게 노출될 우려가 있습니다. 실제로 친족후견인의 횡령 및 배임 사건은 증가하고 있습니다. 또한, 가족 중 특정인이 후견인으로 선임될 경우, 가족 간 분쟁이 발생하기도 합니다. 후견인이 아닌 가족들도 피후견인의 재산 사용에 관여하고 싶어하기 때문입니다. [8]

따라서 전문가들은 향후 변호사 등 전문후견인의 역할이 더욱 확대될 것으로 내다봅니다. 전문후견인은 전문지식을 갖추었을 뿐만 아니라 중립적 입장에서 공정하고 투명하게 후견 업무를 처리할 수 있다는 장점이 있습니다. [9] 전문후견인 접수 건수는 꾸준히 증가하는 추세입니다. 우리나라보다 먼저 고령사회를 경험한 일본에서는 전문후견인이 전체 후견인의 절반 이상을 차지합니다.

---

**8**  〈중앙일보〉, 2019. 10. 13.
**9**  〈한국경제〉, 2019. 7. 14.

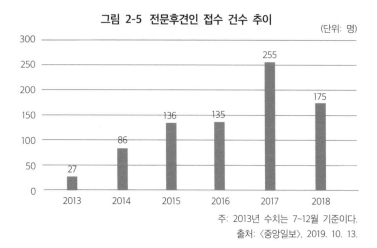

그림 2-5  전문후견인 접수 건수 추이

(단위: 명)

주: 2013년 수치는 7~12월 기준이다.
출처: 〈중앙일보〉, 2019. 10. 13.

　최근에는 전문후견인과 친족후견인이 공동후견인이 되는 공
동후견제도 또한 확대되는 추세입니다. 분쟁의 가능성이 큰 재
산 분야는 변호사 등 전문후견인이 처리하고, 피후견인의 신상
문제는 친족후견인이 담당하는 것입니다. **10**

---

**10**　〈중앙일보〉, 2019. 10. 13.

# 3장

# 신탁, 사후에도 내 재산은 내 마음대로

## 1. 유언장과 신탁, 무엇이 다를까?

과거에는 우리가 노후준비를 이야기할 때 주로 상속을 전제로 유언장을 어떻게 준비할 것인지에 관심이 모아졌습니다. 그러나 고령사회에 진입하면서 후견에 관심의 초점이 모아지고, 후견을 보완하는 신탁제도에 주목하게 되었습니다.

2012년 신탁법 개정에 따라 유언을 대신하는 신탁제도가 마련되었습니다. 유언장에 의하지 않고 신탁제도를 통해 상속을 준비할 수 있게 된 것입니다. 유언장을 준비해 두면 민법에 따라, 신탁을 이용하면 신탁법에 따라 그 법률적 효력이 발생합니다.

유언장의 경우, 죽기 전까지 얼마든지 유언 내용을 바꿀 수 있기 때문에 사후에 유언장이 여러 장 나오면 어느 것이 최후의 유효한 유언장인지를 둘러싸고 분쟁 가능성이 큽니다.

그에 비해 신탁은 주로 금융기관이 수탁자가 되므로 공정하고 객관적인 집행이 기대되는 것이 장점입니다. 또한 신탁은 살아 있을 때부터 재산관리를 할 수 있고, 사후에도 본인의 뜻에 따라 재산운영을 할 수 있습니다.

유언공증과 비교해 신탁의 장점을 살펴보면 다음과 같습니다.[1]

1. 원하는 대로 상속 및 증여 계획을 수립하고 이행할 수 있다.
2. 생전 설계한 대로 사후에 신탁회사에 의하여 신속한 상속재산 집행이 이루어진다.
3. 자녀가 해외에 거주하고 있어도 추후 원활한 상속집행이 이루어지며, 상속분쟁과 유류분 이슈를 예방할 수 있다.

신탁을 이용한 후견과 상속의 여러 사례는 신탁 드라마와 신탁 솔루션을 스토리텔링 형식으로 풀어가면서 보여 줄 수 있습니다.

예를 들어, 시각장애인 외동딸을 둔 어느 자산가의 스토리를 통해 신탁의 개념을 설명할 수 있습니다. 한 자산가가 외동딸이 살아 있는 동안 생활비를 지원하고, 외동딸과 자신의 사후에는 나머지 재산이 외동딸의 시각장애인 안내견에게 상속되도록 신탁하는 이야기를 들려주는 것입니다.

---

1    신영증권 홈페이지.

## 2. 후견제도를 뒷받침하는 신탁

앞 장에서 살펴보았듯이 고령화가 심화되고 치매환자 또한 증가하면서 성년후견제도에 대한 관심과 수요가 커지고 있습니다. 성년후견제도를 활용하면 본인이 치매에 걸려 판단력을 상실하더라도 신상과 재산을 안정적으로 관리할 수 있습니다.

그런데 신탁을 함께 활용하면 더욱 효과적이고 투명하게 재산을 보호하고 운용할 수 있습니다. 특히 믿을 만한 친척이나 전문가를 임의후견인으로 하는 후견계약을 체결하고, 동시에 수탁기관에게 재산을 신탁함으로써 임의후견인과 수탁사 간 상호 견제와 감시가 가능한 이중 안전장치를 마련하는 방법이 각광받고 있습니다. 2

앞서 치매 초기 증상을 보였던 A씨를 떠올려 봅시다. 그에게는 5억 원대의 아파트 한 채와 5천만 원의 현금이 있는데, 아주 큰 재산은 아니지만 자신이 원하는 방식대로 상속하고 싶습니다. 만약 법정 상속순위에 따른다면(민법 제1000조), 법률이 정한 대상과 비율대로 상속재산이 분배되므로 A씨의 뜻을 반영할 수 없습니다.

---

2 〈매일경제〉, 2020. 5. 7.

## 민법 제1000조 (상속의 순위)

1. 상속에 있어서는 다음 순위로 상속인이 된다.

   ① 피상속인의 직계비속

   ② 피상속인의 직계존속

   ③ 피상속인의 형제자매

   ④ 피상속인의 4촌 이내의 방계혈족

2. 전항의 경우에 동순위의 상속인이 수인인 때에는 최근친을 선순위로 하고, 동친 등의 상속인이 수인인 때에는 공동상속인이 된다.

3. 태아는 상속순위에 관하여는 이미 출생한 것으로 본다.

A씨는 자신과 연락을 끊은 아들보다 자신을 꾸준히 챙겨 주는 딸에게 더 많은 비율의 재산을 상속하고 싶습니다. 그리고 딸이 그 돈을 활용하여 대학원에 진학해 공부하기를 원하는데, 이를 수익 분배 조건으로 설정해 두고 싶습니다. 또한 지급신청을 할 수 있는 사람을 따로 정하여 아들이 재산을 인출할 수 없도록 안전장치도 걸어 두려고 합니다. 마지막으로 그는 자신이 가진 현금의 일정 부분을 사회단체에 기부하고 싶습니다.

이 모든 것을 가능하게 해주는 것이 바로 신탁입니다. 즉, 신탁을 활용하면 자신의 재산에 대해 완전한 통제권을 가질 수 있습니다.

그렇다면 신탁이란 정확히 무엇일까요? 신탁은 "소유자가 특정인에게 재산을 분배하거나 특정한 목적에 사용하기 위해 자기

그림 3-1 신탁의 구조

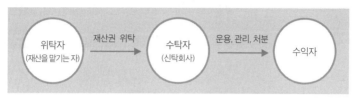

출처: 〈법률신문〉, 2020. 4. 14.

소유 재산의 전부 또는 일부를 타인에게 이전하고, 그로 하여금 자신이 지정한 사람을 위하여 재산을 처분, 관리하도록 하는 사법상의 제도"(신탁법 제2조)입니다. **3**

### 신탁법 제2조 (신탁의 정의)

이 법에서 '신탁'이란 신탁을 설정하는 자(이하 '위탁자'라 한다)와 신탁을 인수하는 자(이하 '수탁자'라 한다) 간의 신임관계에 기하여 위탁자가 수탁자에게 특정의 재산(영업이나 저작재산권의 일부를 포함한다)을 이전하거나 담보권의 설정 또는 그 밖의 처분을 하고 수탁자로 하여금 일정한 자(이하 '수익자'라 한다)의 이익 또는 특정의 목적을 위하여 그 재산의 관리, 처분, 운용, 개발, 그 밖에 신탁 목적의 달성을 위하여 필요한 행위를 하게 하는 법률관계를 말한다.

---

**3**     배정식 외, 《신탁의 시대가 온다》, 타커스, 2019, 38쪽.

신탁의 구조를 살펴보면, 위탁자는 재산을 맡기는 사람이고, 수탁자는 그 재산을 위탁받아 관리하는 기관으로 주로 금융기관입니다. 수탁자는 신탁재산을 운용·관리·처분하고, 신탁재산 또는 그로부터 얻는 수익을 신탁을 설정할 때 정한 수익자에게 지급합니다. 혹시 수탁자인 금융기관이 파산하더라도 신탁재산은 안전하게 보존되며, 위탁자의 채권자도 신탁재산을 강제 집행할 수 없습니다. [4]

## 3. 신탁의 기원과 발전

우리나라의 근대적 신탁업의 뿌리에는 미국의 신탁업이 있습니다. 미국은 신생국이었으므로 건국 초기에 지연이나 혈연이 없는 사람들이 많았습니다. 따라서 공신력이 큰 은행 등이 유언집행자가 되면서 신탁은 하나의 사업으로 발전했습니다.

초기의 신탁사업은 생명보험에 가입한 사람의 사망 후 유족들을 위해 보험금을 관리해 주는 방식으로 이루어졌습니다. 이후 자본주의와 산업화가 심화되면서 신탁회사가 고객이 맡긴 신탁재산을 사업자금에 투자하는 등 금융기관의 성격을 띠게 되었습니다.

---

[4] 배정식 외, 《신탁의 시대가 온다》, 타커스, 2019, 38~41쪽.

일본은 1900년대 초에 신탁제도를 도입하였습니다. 이어서 우리나라에도 근대적 신탁업이 도입되어 현실에 맞게 변모해왔습니다. 2011년 신탁법의 전면 개정으로 다양한 유형의 신탁을 더 유연하게 선택할 수 있게 되었습니다.[5] 금융당국은 신탁을 국민의 노후대비를 위한 종합자산 관리제도로 육성하고자 다양한 제도 개선을 시도했습니다.

표 3-1 신탁제도 개편의 역사

| 연도 | 주요 사건 |
| --- | --- |
| 1961년 | 신탁법, 신탁업법 시행 |
| 2009년 | 신탁업법 폐지, 자본시장법에 흡수 |
| 2011년 | 신탁재산 확대 등 내용 담은 신탁법 개정안 통과 |
| 2012년 | 개정된 신탁법 반영한 자본시장법안 국회 제출, 임기 만료 폐기 |
| 2017년 | 금융위원회, 신탁업법을 자본시장법에서 분리 시도했지만 무산 |
| 2020년 | 금융위원회, 신탁제도 개편안 발표 |

출처: 〈한경비즈니스〉, 2020. 3. 27.

표 3-2 금융위원회 신탁제도 전면 개편안(2020)

| 구분 | 주요 내용 |
| --- | --- |
| 신탁재산 범위 확대 | 적극 재산(금전, 부동산 등)에서 소극재산(자산에 결합된 부채), 담보권 등으로 범위 확대 |
| 진입규제 정비 | 전문신탁업 인가 단위 신설, 특화신탁 시(지식재산권, 유언 등) 진입 촉진 |
| 운용방식 다양화 | 자기신탁, 재신탁 등 운용방식 허용 |

출처: 〈한경비즈니스〉, 2020. 3. 27.

---

5    배정식 외, 《신탁의 시대가 온다》, 타커스, 2019, 53~59쪽.

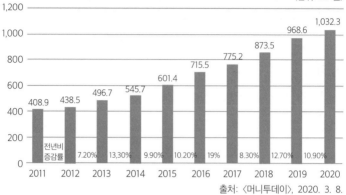

그림 3-2  신탁수탁고 추이 (2011~2020)

(단위: 조 원)

2020년 신탁제도 전면 개편안을 살펴보면,  우선 수탁 가능한 재산 범위가 확대되어 자산관리를 더 효과적으로 할 수 있습니다.  또한 진입규제를 정비해 신탁업이 가능한 업종이 확대되었고,  재신탁(재산을 신탁받은 수탁자가 각 분야별 전문가들에게 이를 다시 신탁하는 것) 등 운용방식을 허용하여 더 체계적이고 다양한 서비스 제공이 가능해졌습니다. **6**

예컨대,  고가의 미술품을 위탁받은 수탁자가 이를 미술품 전문사업자에게 '재신탁'하고,  수탁 과정에서 발생하는 재산관리는 금융전문가에게 맡기는 등 신탁 목적에 맞는 다양한 운용방식을 활용할 수 있습니다. **7**

---

**6**   〈노컷뉴스〉, 2018. 11. 26.
**7**   〈머니투데이〉, 2020. 3. 20.

이와 같이 신탁의 활용도가 높아짐에 따라, 신탁수탁고의 규모도 점차 증가하여 2020년에는 1,032조 3천억 원에 이르렀습니다.

## 4. 신탁으로 '고인 돈' 문제를 해결한다

1장에서 살펴보았듯이 우리나라는 고령화가 빠르게 심화되고 있습니다. 고령자가 늘면서 그들의 자산보유비율 역시 높아지고 있지만, 기존의 예금이나 적금만으로 이러한 '고인 돈'을 효과적으로 활용하기 어려운 상황입니다. 특히 고령자들은 노후생활 안정과 상속 문제 해결 등 복합적 고민을 안고 있습니다.

우리나라보다 먼저 고령화를 경험한 일본은 신탁을 활용하여 이러한 문제를 해결하고 있어, 우리에게 귀감이 됩니다. 2020년 우리나라 고령화율은 15.7%로 28.9%인 일본에 못 미쳤지만, 현재 무서운 속도로 상승하고 있습니다.[8] 통계청은 2045년에 우리나라가 전 세계에서 고령인구 비중이 가장 높은 국가가 되리라고 전망합니다.[9]

일본은 2018년 3월 기준 개인 금융자산 중 60% 이상을 60세

---

8  〈한국경제〉, 2020. 7. 23.

9  〈헤럴드경제〉, 2020. 6. 7.

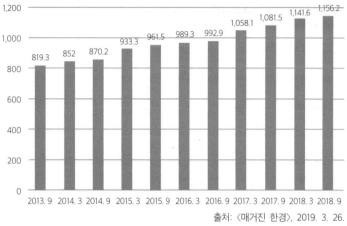

**그림 3-3 일본의 신탁재산 총액 추이**

(단위: 조 엔)

출처: 〈매거진 한경〉, 2019. 3. 26.

이상이 보유하고 있을 만큼**10** 고령자 자산이 차지하는 비중이 큽
니다. 따라서 우리나라보다 앞서 고령자들의 자산을 효율적으로
활용하자는 논의가 활발히 진행되었습니다.

　우선 일본에서는 신탁재산이 꾸준히 증가하는 것은 물론, 교
육자금증여신탁, 결혼·양육자금증여신탁, 후견제도지원신탁,
유언대용신탁, 자사주승계신탁 등 다양한 신탁상품을 개발하고
있습니다.

　교육자금증여신탁은 손주 등의 교육자금으로 조부모 등이 현
금을 신탁하면 1,500만 엔까지 비과세되는 신탁입니다. 고령자

---

**10**　〈매거진 한경〉, 2019. 3. 26.

들의 금융자산을 교육비 부담이 큰 젊은 세대에게 이전함으로써 사회 전반에 소비를 활성화하고 교육비 부담에 따른 저출산을 해소하고자 도입되었습니다.

또한 결혼·육아지원신탁을 참고하여 만들어진 결혼·양육자금증여신탁은 조부모 등이 손주나 자녀들에게 결혼·출산·육아자금을 증여하는 경우 증여세가 비과세되는 신탁으로, 역시 저출산 대책으로 떠오르고 있습니다. 11

이와 같이 일본은 다양한 신탁상품으로 노년층의 고인 돈을 활성화하여 사회적 가치를 창출합니다. 우리나라도 일본 사례를 참고해 고인 돈 문제의 해결방안으로 신탁을 적극적으로 활용할 필요가 있습니다.

**표 3-3 일본의 다양한 신탁상품**

| 구분 | 특징 |
| --- | --- |
| 교육자금증여신탁 | 30세 미만 손주에게 교육자금 1,500만 엔 (약 1억 6,200만 원) 비과세 증여 |
| 결혼·양육자금증여신탁 | 50세 미만 개인에게 최대 1천만 엔(약 1억 863만 원) 비과세 증여 |
| 후견제도지원신탁 | 경증치매환자를 위한 자산관리 |
| 유언대용신탁 | 유언서 작성 없이 상속 가능, 비과세 혜택 |
| 자사주승계신탁 | 자사주 승계 상품, 법적 다툼 없이 원활한 승계 가능 |

출처: 〈매일경제〉, 2020. 2. 18.

---

11   배정식 외, 《신탁의 시대가 온다》, 타커스, 2019, 74~91쪽.

## 5. 라이프스타일에 따라 신탁도 다양하게

최근 라이프스타일이 다양화되면서 이에 맞춘 여러 가지 신탁상
품도 출시되었습니다.

예를 들어, 주인 사망 후에 반려동물을 보살펴 주는 이른바 '펫
신탁'이 유행하고 있습니다. 펫신탁은 동물의 상속권을 인정하지
않는 민법의 허점을 보완하기 위한 신탁입니다. 반려동물에게
재산을 직접 상속할 수 없으므로 반려동물을 돌봐 줄 사람에게
우회적으로 넘기는 방식입니다.

#### 그림 3-4 펫신탁의 기본구조

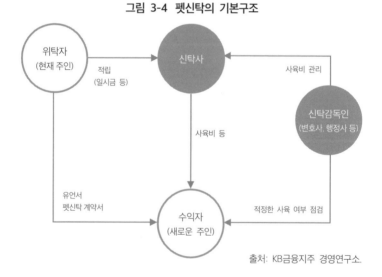

출처: KB금융지주 경영연구소.

그림 3-5 부동산 신탁의 기본구조 및 종류

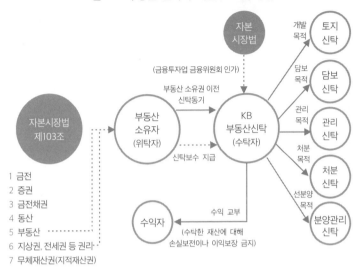

출처: KB부동산 신탁 홈페이지.

또한, 부동산 소유자가 신탁회사와 계약을 체결하여 신탁회사가 부동산을 개발, 관리, 처분하고 해당 재산을 지정된 수익자에게 주는 부동산 신탁도 인기를 끌고 있습니다. 부동산 소유자의 사망 후에 자녀들이 물려받으면 관련 경험이 부족하여 해당 부동산을 어떻게 처리해야 할지 모르거나, 자녀들 간에 분쟁의 소지가 되는 경우가 많습니다. 그렇기 때문에 부동산 신탁을 이용하는 것이 여러모로 투명하고 효과적입니다.

## 6. 투명하고 탄력적인 유언대용신탁

유언대용신탁은 자신이 살아 있는 동안에는 자신을 수익자로 정하여 재산을 관리하고, 사후에는 자신이 지정한 대상에게 지정한 방법으로 상속하는 방식의 신탁입니다.[12] 유언대용신탁은 기존의 유언장 제도보다 더욱 투명하고 탄력적으로 상속할 수 있다는 장점이 있습니다.

그렇다면 유언장과 유언대용신탁은 어떻게 다를까요?

우선, 유언은 피상속인(재산을 물려주는 사람) 사망 후 상속인(재산을 물려받는 사람)에게 모든 재산이 한꺼번에 상속되지만, 신탁은 여러 세대에 걸쳐 상속재산이 이전되도록 설계할 수 있습니다. 그래서 좀더 탄력적으로 상속 문제를 해결할 수 있습니다.

또한 신탁을 통해 상속재산을 더욱 투명하게 집행할 수 있습니다. 상속인들이 여러 명일 때 그중 한 명이 상속재산 집행을 하면 다른 상속인들의 견제 등으로 갈등이 발생하기 마련입니다. 한편 신탁은 중립적 금융기관이 상속재산 집행을 담당하므로 더욱 투명하게 처리할 수 있고 갈등을 방지할 수 있습니다.

마지막으로, 유언은 성립 조건이 복잡하고 어느 것이 최종 유언장인지 확인하기 어렵다는 등의 내재적 문제가 있어 여러 번거

---

[12]    배정식 외, 《신탁의 시대가 온다》, 타커스, 2019, 32쪽.

**표 3-4 유언대용신탁의 장점**

| 구분 | 장점 |
|------|------|
| 상속인 지정 | 본인이 원하는 상속 대상을 정확히 지정 가능함<br>가족, 친지뿐 아니라 제3자와 사회단체 등에 기부도 가능함 |
| 분쟁가능성 | 유언장보다 상속 대상 및 재산이 명확하여 갈등 여지 적음 |
| 대상 자산 | 금전, 부동산, 주식, 전세보증금 등 다양함 |
| 미성숙자 보호 | 미성년자, 장애인 가족 대상 상속 자산을 특정 시점까지<br>위탁 가능함 |

출처: 〈한국경제〉, 2020. 3. 22.

로움이 수반됩니다. 반면 신탁은 본인의 의사만 잘 표시하면 금융기관에서 나머지 절차를 처리해 주며, 변경도 자유롭습니다.[13]

유언대용신탁은 민법상 법정상속인이 아닌 제3자 또는 법정상속인 중에서 특정인에게만 상속을 희망하는 경우 유용하게 이용할 수 있습니다.

그러나 현행 민법에는 유류분 제도가 있음을 고려해야 합니다. 유류분이란 민법상 법정상속인이 보장받는 최소한의 상속지분입니다. 피상속인은 유언이나 증여로 자신이 재산을 자유롭게 처분할 수 있지만, 최소한의 상속분은 상속인인 유류분 권리자를 위해 남기도록 하는 것이 이 제도의 취지입니다.

우리나라 민법 제1112조에 따르면, 유류분은 직계비속과 배우자의 경우 그 법정 상속분의 2분의 1, 직계존속과 형제자매의

---

13　배정식 외, 《신탁의 시대가 온다》, 타커스, 2019, 41~46쪽.

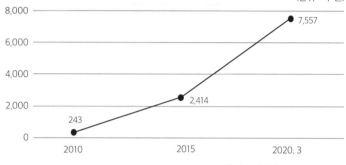

그림 3-6 하나은행 유언대용신탁재산 누적가액

(단위: 억 원)

출처: 〈법률신문〉, 2020. 4. 14.

경우 그 법정상속분의 3분의 1로 보장하고 있습니다.

유류분 제도 자체가 상속의 자유를 제한하므로 폐지하거나 유류분 범위를 더 줄이자는 논의가 진행 중입니다. 신탁재산은 유류분 산정 대상이 아니라는 하급심 판결도 있습니다. 하지만 장래의 분쟁을 피하려면 유언대용신탁을 이용할 경우 유류분과의 관계를 잘 검토할 필요가 있습니다.

하나은행 리빙트러스트센터에 따르면, 최근 1인가구와 비혼, 딩크족(자녀 없는 맞벌이 부부) 등 가족의 형태가 다양화되어 상속 대상이 불분명해지면서 유언대용신탁이 더욱 각광받고 있다고 합니다. 오늘날 유언대용신탁의 수요는 꾸준히 상승하고 있습니다. **14**

---

**14** 〈한국경제〉, 2020. 3. 22.

## 7. 치매안심신탁: 치매대비와 자산관리의 결합

치매안심신탁이란 평상시에는 정기예금이나 채권 등 안전한 금융상품으로 자금을 운용하다가 고객이 케어가 필요한 간병상태 등에 처할 경우 병원비는 물론 요양비, 간병비, 생활비 등에 대해 은행이 직접 비용처리를 맡아 주는 신탁입니다. [15]

치매안심신탁을 활용하면 향후 치매가 중증으로 발전하더라도 자녀에게 부담을 주지 않을 뿐만 아니라 자녀가 재산을 탕진하지 않게 할 수 있습니다. 즉, 재산을 안전하게 관리하고 운용할 수 있다는 장점이 있습니다.

예컨대, 국내 대표 치매안심신탁으로 자리 잡은 하나케어트러스트 상품은 치매 단계에 따라 개별 맞춤형 자산관리를 해줍니다.

**그림 3-7  하나은행 케어트러스트의 기본구조**

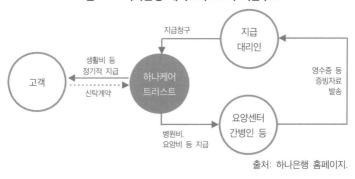

출처: 하나은행 홈페이지.

---

**15**    배정식 외, 《신탁의 시대가 온다》, 타커스, 2019, 112쪽.

치매안심신탁을 충분히 이해하고 필요하다고 생각하면, 빠르게 계약을 체결하는 것이 좋습니다. 고령 치매 특성상 언제 갑자기 증상이 악화될지 모르기 때문입니다. 실제로 계약 시기를 미루다가, 치매가 심화되어 의사소통이 불가능한 상태에 이르러 계약이 불발되는 사례도 있습니다.[16]

특히 계약 시기가 미루어지는 주요 원인은 부모 자식 간, 혹은 자식들 간의 입장 차이인 경우가 많습니다. 따라서 미리 가족들과 충분히 대화를 나누며 노후 계획을 세우는 것이 중요합니다.

---

**16**  배정식 외, 《신탁의 시대가 온다》, 타커스, 2019, 114~115쪽.

4장

# 죽음을 준비하는 법, 연명의료결정법

## 1. 김 할머니를 아십니까?

77세의 김 할머니가 폐렴 증상으로 세브란스 병원에 입원했습니다. 담당의사는 폐암을 의심했고 조직검사를 위해 기관지 내시경 검사를 하던 도중에 폐혈관이 터지는 예기치 못한 상황이 발생했습니다. 김 할머니는 즉시 의식불명 상태에 빠지고 말았습니다.

그 후 3개월 동안 김 할머니의 의식은 돌아오지 않았습니다. 기약 없는 기다림에 지쳐가던 가족은 마침내 서울 서부지방법원에 무의미한 연명치료 중단을 가처분 신청하기에 이르렀습니다. 법원은 관련법이 없다는 이유로 가처분 신청을 기각했고, 가족은 관련법이 없음에 헌법소원을 제기했습니다.

김 할머니 가족과 병원의 치열한 공방 끝에 법원이 가족의 손을 들어 주면서 마침내 할머니의 인공호흡기는 제거되었습니다. 할머니가 식물인간이 된 지 이미 1년도 더 지난 뒤였습니다. 할머니는 그로부터 201일 후에 세상을 떠났습니다.

김 할머니의 험난한 마지막 길 이야기는 2008년과 2009년에 걸쳐 우리나라에서 연명의료결정법의 필요성을 알리는 계기가 되었습니다. 김 할머니와 가족의 사연이 알려지면서 환자나 가족의 의사에 따라 연명의료를 중단할 수 있는 연명의료결정법 제정이 논의되었던 것입니다.

2018년 2월부터 호스피스·완화의료 및 임종과정에 있는 환자의 연명의료결정에 관한 법률, 약칭 연명의료결정법이 다음의 목적으로 시행되었습니다.

**제1장 총칙**

제1조 (목적) 이 법은 호스피스·완화의료와 임종과정에 있는 환자의 연명의료와 연명의료 중단 등 결정 및 그 이행에 필요한 사항을 규정함으로써 환자의 최선의 이익을 보장하고 자기결정을 존중하여 인간으로서의 존엄과 가치를 보호하는 것을 목적으로 한다.

나의 죽음을 내가 스스로 선택하고, 존엄하게 죽을 권리를 인정한다는 뜻에서 '존엄사법'尊嚴死法이라고도 하는 연명의료결정법은 2021년 현재 시행 3년을 넘겼습니다.

가족들과 마지막 인사도 나누지 못한 채 식물인간이 된 김 할머니. 할머니에게 죽음을 준비할 수 있는 충분한 시간과 제도가 있었다면 어땠을까요?

유언장 제도 등이 활성화된 서구 사회와 달리 우리 사회에서는 죽음을 언급하는 것조차 금기시하는 문화적 관습에 따라 죽음을 준비한다는 개념이 생소합니다. 그러나 한 아이의 탄생을 위해 부모가 여러 가지를 준비하듯이, 한 사람의 인생을 아름답게 마무리하고 죽음을 준비하는 과정은 꼭 필요합니다.

최근 주목받는 '웰다잉'well-dying이라는 개념이 바로 그것입니다. 웰다잉의 중요성이 커지는 시대에 발맞춰 제정된 연명의료결정법은 김 할머니와 같이 의료행위가 단순히 생명 연장의 수단으로 이루어질 때 죽음을 선택할 권리를 보장합니다.

국립연명의료관리기관이 2020년 12월에 발표한 자료에 따르면, 이 제도 시행 후 3년간 사전연명의료의향서, 즉 연명의료 중단 등과 호스피스에 관한 의사를 밝힌 문서를 작성한 사람은 79만 193명이었습니다.

연명의료계획서, 즉 말기 환자 등의 의사에 따라 담당의사가 환자의 연명의료 중단과 호스피스에 관한 사항을 계획한 문서를 작성한 환자는 5만 7,512명이었습니다. 연명의료계획서는 의료기관윤리위원회가 설치된 의료기관에서 담당의사가 암 등의 말기 환자나 사망이 임박한 상태에 있는 환자를 대상으로 작성합니다.

문제는 윤리위원회를 설치한 의료기관이 전체 3,465개 병원 중

8. 4%인 290개에 불과할 정도로 적다는 것입니다. 사전의향서나 계획서를 작성했더라도 실제로 연명의료를 중단하려면 윤리위원회가 설치된 병원에서 사망이 임박했다는 판단과 승인을 받아야 합니다. 그런데 아직도 많은 의사들은 의료기술로 생명을 연장하는 데 더 집착하고 있습니다.

인간이 자신의 죽음을 선택하고 인간적 상처를 치유할 수 있도록 돕는, 그런 여유를 갖춘 임종 문화가 아쉽게 느껴집니다.


## 2. 사전연명의료의향서: 나의 죽음은 내가 선택한다

### 사전연명의료의향서란

연명의료 중단을 통한 죽음을 미리 준비하기 위해 우선 할 일은 사전연명의료의향서를 작성하는 것입니다. 사전연명의료의향서란 만 19세 이상 성인이 향후 자신의 연명의료 중단 등과 호스피스에 관한 의사를 결정하여 직접 작성한 문서입니다.

사전연명의료의향서는 ① 보건복지부가 지정한 사전연명의료의향서 등록기관에서 충분한 설명을 듣고 이해한 후 ② 본인이 직접 작성하고, ③ 연명의료 정보처리시스템에 등록해야 법적으로 유효한 서식으로 인정받을 수 있습니다. [1]

---

1    국립연명의료관리기관 홈페이지.

## 그림 4-1 사전연명의료의향서 서식

■ 호스피스·완화의료 및 임종과정에 있는 환자의 연명의료결정에 관한 법률 시행규칙 [별지 제6호서식]

(앞쪽)

# 사전연명의료의향서

※ 색상이 어두운 부분은 작성하지 않으며, [ ]에는 해당되는 곳에 √표시를 합니다.

| 등록번호 | ※ 등록번호는 등록기관에서 부여합니다. | | |
|---|---|---|---|
| 작성자 | 성 명 | | 주민등록번호 |
| | 주 소 | | |
| | 전화번호 | | |
| 호스피스 이용 | [ ] 이용 의향이 있음                    [ ] 이용 의향이 없음 | | |
| 사전연명의료 의향서 등록기관의 설명사항 확인 | 설명 사항 | [ ] 연명의료의 시행방법 및 연명의료중단등결정에 대한 사항 | |
| | | [ ] 호스피스의 선택 및 이용에 관한 사항 | |
| | | [ ] 사전연명의료의향서의 효력 및 효력 상실에 관한 사항 | |
| | | [ ] 사전연명의료의향서의 작성·등록·보관 및 통보에 관한 사항 | |
| | | [ ] 사전연명의료의향서의 변경·철회 및 그에 따른 조치에 관한 사항 | |
| | | [ ] 등록기관의 폐업·휴업 및 지정 취소에 따른 기록의 이관에 관한 사항 | |
| | 확인 | 위의 사항을 설명 받고 이해했음을 확인합니다.<br><br>            년    월    일        성명        (서명 또는 인) | |
| 환자 사망 전 열람허용 여부 | [ ] 열람 가능              [ ] 열람 거부              [ ] 그 밖의 의견 | | |
| 사전연명의료 의향서 등록기관 및 상담자 | 기관 명칭 | | 소재지 |
| | 상담자 성명 | | 전화번호 |

본인은 「호스피스·완화의료 및 임종과정에 있는 환자의 연명의료결정에 관한 법률」 제12조 및 같은 법 시행규칙 제8조에 따라 위와 같은 내용을 직접 작성했으며, 임종과정에 있다는 의학적 판단을 받은 경우 연명의료를 시행하지 않거나 중단하는 것에 동의합니다.

작성일                                                                    년    월    일

작성자                                                                    (서명 또는 인)

등록일                                                                    년    월    일

등록자                                                                    (서명 또는 인)

210㎜×297㎜[백상지(80g/㎡) 또는 중질지(80g/㎡)]

### 그림 4-1 계속

(뒤쪽)

**유의사항**

1. 사전연명의료의향서란 「호스피스·완화의료 및 임종과정에 있는 환자의 연명의료결정에 관한 법률」 제12조에 따라 19세 이상인 사람이 자신의 연명의료중단등결정 및 호스피스에 관한 의사를 직접 문서로 작성한 것을 말하며, 호스피스전문기관에서 호스피스를 이용하려는 경우에는 같은 법 제28조에 따라 신청해야 합니다.
2. 사전연명의료의향서를 작성하고자 하는 사람은 보건복지부장관이 지정한 사전연명의료의향서 등록기관을 통하여 직접 작성해야 합니다.
3. 사전연명의료의향서를 작성한 사람은 언제든지 그 의사를 변경하거나 철회할 수 있으며, 이 경우 등록기관의 장은 지체 없이 사전연명의료의향서를 변경하거나 등록을 말소해야 합니다.
4. 사전연명의료의향서는 ① 본인이 직접 작성하지 않은 경우, ② 본인의 자발적 의사에 따라 작성되지 않은 경우, ③ 사전연명의료의향서 등록기관으로부터 「호스피스·완화의료 및 임종과정에 있는 환자의 연명의료결정에 관한 법률」 제12조제2항에 따른 설명이 제공되지 않거나 작성자의 확인을 받지 않은 경우, ④ 사전연명의료의향서 작성·등록 후에 연명의료계획서가 다시 작성된 경우에는 효력을 잃습니다.
5. 사전연명의료의향서에 기록된 연명의료중단등결정에 대한 작성자의 의사는 향후 작성자를 진료하게 될 담당의사와 해당 분야의 전문의 1명이 모두 작성자를 임종과정에 있는 환자라고 판단한 경우에만 이행될 수 있습니다.

210mm×297mm[백상지(80g/㎡) 또는 중질지(80g/㎡)]

출처: 국립연명의료기관.

그림 4-2 사전연명의료의향서 등록증

출처: 국립연명의료관리기관

사전연명의료의향서는 글자 그대로 '사전'에 작성하기 때문에 여러 가지 우려를 낳을 수 있습니다. "혹시 작성 후에 마음이 바뀌면 어떡하나요?", "거부하는 연명치료 범위는 어떻게 설정하나요?", "나중에 치료방법이나 확률 등을 듣고 결정하면 안 되나요?" 등이 그것입니다.

현행법은 이러한 우려에 대비하여 연명의료 중단 결정을 내리기 전에 다시 확인하는 과정을 거칩니다. 환자가 의사능력이 있는 경우 환자에게 다시 한 번 의사를 확인합니다. 환자가 의사능력이 없는 경우 담당의사와 전문의 1인이 ① 의사능력이 없다는 의학적 판단과 ② 의향서가 적법하게 작성되었다는 사실을 확인합니다.

즉, 사전연명의료의향서는 이미 작성한 경우에도 언제든지 그 의사를 변경하거나 철회할 수 있습니다.

## 선택했지만 선택받지 못한 자

폐암 말기 판정을 받은 A씨의 어머니는 적법한 절차를 거쳐 사전연명의료의향서를 작성했습니다. 그 후 병세 악화로 암이 뇌로 전이되어 치매와 비슷한 증세를 보이며 인지장애 판정를 받았습니다.

그러던 어느 날, A씨가 잠깐 주차하러 나간 사이에 어머니가 사라졌습니다. 그날 A씨는 어머니가 교통사고를 당했다는 연락을 받았습니다. 급히 응급실에 달려가서 마주한 어머니의 모습은 끔찍했습니다. 시속 50km로 달리는 마을버스에 치였다는 어머니는 심하게 다쳐 숨쉬기조차 버거워 보였습니다. A씨는 사전연명의료의향서를 근거로 어머니의 인공호흡기를 당장 제거해 달라고 병원에 요청했습니다.

병원에서는 법적 절차를 따라 윤리위원회를 열고 환자가 연명의료 중단 대상인 임종과정에 있는지 등을 판단했습니다. 윤리위원회의 결론은 A씨의 어머니가 임종과정에 접어들지 않았기 때문에 연명의료를 유지해야 한다는 것이었습니다.

A씨의 어머니는 분명히 사전연명의료의향서를 통해 연명의료 중단을 사전에 선택했지만, 그 선택을 최종 확인하는 것은 병원이었습니다.[2] 연명의료결정법이 죽음을 선택할 권리를 부여한다고 하지만, 병원의 선택을 받지 못하면 실행할 수 없는 것입니다.

---

[2]  〈오마이뉴스〉, 2019. 9. 5.

국립연명의료기관에서 명시한 바에 따르면, 연명의료 중단을 실행하기 전에 병원에서 여는 의료기관윤리위원회가 임종과정을 판단하는 기준은 다음과 같습니다. 담당의사와 전문의 1인에게 ① 회생의 가능성이 없고, ② 치료에도 불구하고 회복되지 않으며, ③ 급속도로 증상이 악화되어 사망에 임박한 상태에 있는 환자라는 판단을 받아야 합니다.

치료 가능성이 있는데도 의료행위를 중단하는 것은 비윤리적이기 때문에, 연명의료 중단 이전에 의료진의 판단을 받는 것은 꼭 필요합니다. 그러나 앞서 살펴본 A씨 어머니의 사례처럼, 임종과정의 판단기준이 모호하여 담당의사의 자율권이 상당 부분 인정된다는 점에서 더 구체적인 판단기준을 설정해야 할 것입니다.

## 3. 연명의료계획서: 임종환자의 마지막 권리

연명의료계획서는 말기환자 또는 임종과정에 있는 환자가 연명의료의 유보 또는 중단에 관한 의사를 남겨 놓은 문서입니다.

사전연명의료의향서는 말기환자나 임종과정에 있는 환자가 아니라 건강한 사람도 만 19세 이상의 성인이면 누구나 추후 연명의료 중단에 관한 의사를 결정하여 작성할 수 있습니다. 이에 비해 연명의료계획서는 말기환자 등 '임종과정에 이미 있는 환자'

## 표 4-1 연명의료계획서 등록 현황

(단위: 명)

| 구분 | 2019. 8 | 2019. 9 | 2019. 10 | 2019. 11 | 2019. 12 | 2020. 1 | |
|------|---------|---------|----------|----------|----------|---------|---|
| 월별 등록자 | 1,688 | 1,806 | 1,870 | 1,873 | 1,944 | 1,888 | |
| 누적 등록자 (전월 대비) | 27,940 (6.4% 증가) | 29,746 (6.5% 증가) | 31,616 (6.3% 증가) | 33,489 (5.9% 증가) | 35,433 (5.8% 증가) | 37,321 (5.3% 증가) | |
| | | | | | | 남자 23,294 | 여자 14,027 |

주: 월별 연명의료계획서 등록 추계(매월 말일 기준).

출처: 보건복지부

가 연명의료의 중단 의사를 밝힌 문서를 뜻합니다. 만 19세가 아직 되지 않은 미성년자는 반드시 법정대리인과 함께 연명의료계획서를 작성해야 합니다. **3**

따라서 연명의료계획서는 '임종과정' 혹은 '말기환자'에 대한 명확한 판단기준이 필요합니다. 현행법에서는 이에 해당되는 질환을 네 가지로 정해 두었습니다. 암, 후천성면역결핍증, 만성 폐쇄성 호흡기질환, 만성 간경화 등입니다.

만약 임종과정에 있다고 판단된 환자가 이미 사전연명의료의향서를 작성한 적이 있다면 어떨까요? 이 환자는 연명의료계획서가 없어도 병원 등의 윤리위원회에서 임종과정에 있음을 확인받고 사전연명의료의향서를 최종 확인받아 연명의료 중단 절차를 진행할 수 있습니다.

---

**3** 국립연명의료관리기관 홈페이지.

## 그림 4-3 연명의료계획서 서식

### 연명의료계획서

※ 색상이 어두운 부분은 작성하지 않으며, [ ]에는 해당되는 곳에 √표를 합니다.
※ 등록번호는 의료기관에서 부여합니다.

| 등록번호 | | |
|---|---|---|
| 환자 | 성 명 | 주민등록번호 |
| | 주 소 | |
| | 전화번호 | |
| | 환자 상태　　[ ] 말기환자　　　　　　　　[ ] 임종과정에 있는 환자 | |
| 담당의사 | 성 명 | 면허번호 |
| | 소속 의료기관 | |
| 호스피스 이용 | [ ] 이용 의향이 있음 | [ ] 이용 의향이 없음 |

| 담당의사 설명사항 확인 | 설명 사항 | [ ] 환자의 질병 상태와 치료방법에 관한 사항 |
|---|---|---|
| | | [ ] 연명의료의 시행방법 및 연명의료중단등결정에 관한 사항 |
| | | [ ] 호스피스의 선택 및 이용에 관한 사항 |
| | | [ ] 연명의료계획서의 작성·등록·보관 및 통보에 관한 사항 |
| | | [ ] 연명의료계획서의 변경·철회 및 그에 따른 조치에 관한 사항 |
| | | [ ] 의료기관윤리위원회의 이용에 관한 사항 |
| | 확인 방법 | 위의 사항을 설명 받고 이해했음을 확인하며, 임종과정에 있다는 의학적 판단을 받은 경우 연명의료를 시행하지 않거나 중단하는 것에 동의합니다.<br><br>[ ] 서명 또는 기명날인　　　년　월　일 성명　　(서명 또는 인)<br>[ ] 녹화<br>[ ] 녹취<br>※ 법정대리인　　　　　　　년　월　일 성명　　(서명 또는 인)<br>(환자가 미성년자인 경우에만 해당합니다) |

| 환자 사망 전 열람허용 여부 | [ ] 열람 가능　　　　　[ ] 열람 거부　　　　　[ ] 그 밖의 의견 |
|---|---|

「호스피스·완화의료 및 임종과정에 있는 환자의 연명의료결정에 관한 법률」 제10조 및 같은 법 시행규칙 제3조에 따라 위와 같이 연명의료계획서를 작성합니다.

년　　월　　일

담당의사　　　　　　　　　　　　(서명 또는 인)

210㎜×297㎜[백상지(80g/㎡) 또는 중질지(80g/㎡)]

## 그림 4-3 계속

| 성년후견인<br>후보자 | 성명 | |
|---|---|---|
| | 주소 | |
| | 주민등록번호 | |
| | 직업 | |
| | 사건본인과의 관계 | |

### 첨 부 서 류

1. 가족관계증명서,기본증명서,주민등록등(초)본(사건본인)　　　　　　　　　각1통
2. 가족관계증명서,주민등록표등(초)본(청구인 및 후견인후보자)　　　　　　　1통
3. 사건본인의 후견등기사항전부증명서(말소 및 폐쇄사항 포함) 또는 후견등기사항부
   존재증명서(전부)　　　　　　　　　　　　　　　　　　　　　　　　　　　1통
4. 청구인 및 후견인후보자와 사건본인과의 관계를 밝혀줄 자료　　　　　　　　1통
   (가족관계증명서, 제적등본 등)
5. 후견인 후보자의 범죄경력조회 회보서(실효된 형 포함)　　　　　　　　　　1통
6. 선순위 추정상속인들의 동의서(인감날인 및 인감증명서 첨부 필요)　　　　　1통
7. 진단서 및 진료기록지 등　　　　　　　　　　　　　　　　　　　　　　　1통
8. 사건현황설명서/재산목록/취소권·동의권·대리권 등 권한범위　　　　　　　각1부
9. 기타(소명자료)　　　　　　　　　　　　　　　　　　　　　　　　　　　각1부

20 ． ． ．

청구인 :　　　　　　　　　　　(서명 또는 날인)

서울○○법원　귀중

---

**※ 청구원인 작성 예**
1. 청구인은 사건본인의 아들입니다.
2. 사건본인은 약 7년 전부터 노인성 치매 증세가 나타나 병원에서 치료를 받아 왔는데, 3년 전부터 상태가 급격히 악화되어 ○○병원에서 요양 중에 있습니다. 현재 사건본인은 아들인 청구인조차 알아보지 못할 정도이므로 일상생활의 사무를 처리할 능력이 전혀 없고, 향후에도 증세가 호전될 가능성이 매우 희박합니다.
3. 청구인은 아들로서 사건본인을 정성껏 돌보아 왔으나 치료비와 요양비 부담이 만만치 않고, 사건본인 소유 부동산의 관리에 많은 어려움을 겪고 있으므로, 이 사건 심판을 통해 성년후견인으로서의 지위를 인정받고, 사건본인의 부동산을 관리하여 그 수익을 사건본인을 개호하는 비용으로 사용하고자 합니다.
4. 사건본인의 성년후견인으로는 아들인 청구인이 선임되기를 원하며, 그 권한의 범위는 별지 기재와 같이 정해지기를 원합니다.
5. 이러한 이유로 이 사건 청구에 이르게 되었습니다.

---

**☞ 유의사항**
1. 관할법원은 사건본인의 주소지 가정법원입니다.
2. 위 첨부서류 이외에도 절차진행에 따라 추가서류가 필요할 수 있습니다.
3. 정신감정을 하는 것이 원칙이고, 정신감정시 감정 예납이 필요하며 추가비용(검사비, 입원비 등)이 발생할 수 있습니다.
4. 청구인이 청구한 후견인후보자가 후견인으로 반드시 지정되는 것은 아닙니다.
5. 후견인후보자의 범죄경력·수사경력조회회보서, 신용조회서 등 추가서류가 필요할 수 있습니다.
6. ☎ 란에는 연락 가능한 휴대전화번호(전화번호)를 기재하시기 바랍니다.

## 4. 연명의료 중단의 딜레마

정리하면, 사전연명의료의향서는 만 19세 이상이면 건강한 사람도 작성 가능합니다. 다만 보건복지부가 지정한 사전연명의료의향서 등록기관(의료기관일 필요는 없음)을 찾아가 충분한 설명을 듣고 직접 작성하여 연명의료 정보처리시스템에 등록해야 법적으로 유효한 서식이 됩니다.

반면 연명의료계획서는 의료기관윤리위원회가 설치되어 있는 의료기관에서 담당의사 및 전문의 1인에 의해 말기환자나 임종과정에 있는 환자로 진단 또는 판단을 받은 환자에 대해 담당의사가 작성하는 서식입니다.

그림 4-4 사전연명의료의향서와 연명의료계획서 작성 및 등록 과정

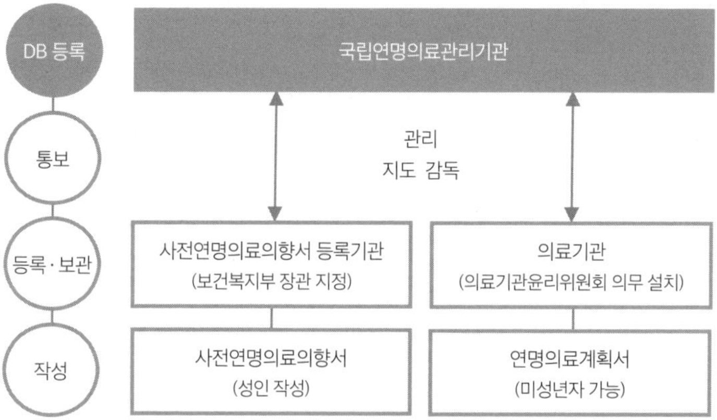

출처: 대한웰다잉협회.

표 4-2 사전연명의료의향서와 연명의료계획서 비교

| 구분 | 사전연명의료의향서 | 연명의료계획서 |
|------|------------------|---------------|
| 대상 | 19세 이상 성인 | 말기환자 또는 임종과정에 있는 환자 |
| 작성 | 본인이 직접 작성 | 환자 요청에 따라 담당의사가 작성 |
| 설명 의무 | 상담사 | 담당의사 |
| 등록 | 보건복지부가 지정한 사전연명의료의향서 등록기관 | 의료기관윤리위원회를 등록한 의료기관 |

출처: 국립연명의료관리기관.

사전연명의료의향서와 연명의료계획서는 이미 작성하여 제출을 완료했다고 하더라도 언제든지 그 의사를 변경하거나 철회할 수 있습니다.

## 여기는 병원이 아니라 요양병원이라서요

이제 연명의료 중단은 의료기관의 도움이 필수적이라는 사실은 모두 이해하셨을 것입니다. 건강할 때 사전연명의료의향서를 작성했다고 하더라도 추후에 몸이 아파 연명의료 중단을 요구할 때에는 의료기관에 있는 윤리위원회에서 임종과정에 있음을 확인받아야 합니다. 연명의료계획서는 애초에 의료기관에서만 등록이 가능합니다.

여기서 의료기관이란 '의료기관윤리위원회를 등록한' 의료기관이라는 점을 주의해야 합니다. 일반적으로 의료기관은 종합병원, 병원, 요양병원을 통칭합니다. 연명의료 대상이 되는 고령자, 말기환자, 임종과정에 있는 환자 등은 고액의 입원비와 회복

표 4-3 의료기관윤리위원회 등록 병원 현황(2019)

| 구분 | 대상기관 수 | 등록기관 수 | 등록률 (%) |
|---|---|---|---|
| 상급종합병원 | 42 | 42 | 100.0 |
| 종합병원 | 313 | 145 | 46.3 |
| 병원 | 1,487 | 14 | 0.9 |
| 요양병원 | 1,587 | 53 | 3.3 |
| 합계 | 3,429 | 254 | 7.4 |

주: 기타 의원급 8개 의료기관까지 합쳐 총 262개
의료기관에서 의료기관윤리위원회를 등록했다.
출처: 보건복지부.

가능성이 낮은 치료 등을 이유로 종합병원이나 대형병원보다 요양병원을 선택하는 경우가 많습니다.

따라서 요양병원에서 임종을 맞는 환자 수가 점점 증가하고 있습니다. 건강보험공단이 2019년 발표한 자료에 따르면, 2018년 한 해 동안 요양병원에서 8만 4,203명이 사망했고 이는 전년보다 21% 증가한 수치였습니다. 4

그러나 요양병원의 중요성이 커지는 현실과 달리 연명의료 중단이 가능한 요양병원으로 등록된 곳은 전체의 3.3%로 현저히 낮습니다. 2020년 1월 기준 의료기관으로 분류 가능한 요양병원 수는 전체 1,587곳인데, 그중 의료기관윤리위원회를 등록한 요양병원은 단 53곳에 불과합니다.

---

4 청년의사 홈페이지.

## 그림 4-5 연명의료 중단 과정

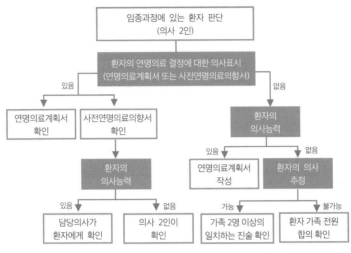

출처: 국립연명의료기관.

의료기관윤리위원회는 법조계, 윤리학계, 시민단체 등의 추천을 받은 두 사람을 포함해야 합니다. 이를 자체적으로 구성하지 못하면 공용윤리위원회(현재 9개 대학병원)에 위탁할 수 있지만, 그 대신에 연간 200만 원(협약료)을 내야 합니다. 따라서 요양병원 입장에서 윤리위원회를 갖추는 것은 경제적 부담이 큽니다.[5]

결국 요양병원에 입원한 환자가 사전연명의료의향서 작성 등을 마쳐 연명의료 중단을 원한다고 해도 윤리위원회를 갖추지 못한 요양병원은 이를 실행할 권한이 없습니다. 요양병원에서는

---

5　〈중앙일보〉. 2019. 10. 15.

환자에게 종합병원으로 가라고 안내하지만, 현실적으로 연명의료 중단을 위해 환자를 받는 종합병원은 없을 것입니다. 분명히 병원이지만 요양병원이라서 연명의료 중단이 불가능한 상황이 발생하는 것입니다.

이러한 문제를 개선하기 위해 국가에서 요양병원을 대신하여 윤리위원회 협약으로 200만 원을 지원하는 방안 등이 제시되고 있습니다. 우리 사회에서 요양병원이 차지하는 비중이 점점 더 커지고 있는 만큼, 빠른 시일 내에 연명의료 중단 제도가 더욱 실효성 있는 방향으로 나아가기를 기대해 봅니다.


## 5. 안락사: 적극적 죽음 선택권 보장

비록 '임종과정'의 판단과 적법한 '의료기관'이 필요하다는 조건이 있지만, 연명의료결정법은 우리나라에서 죽음을 선택할 권리를 보장한 첫 법률이라는 의의가 있습니다. 그러나 앞서 언급한 여러 가지의 제도적 번거로움을 생각하면 '나의 목숨인데, 그냥 죽음을 선택할 수 있게 보장해 주면 안 되나?'라는 의문이 듭니다.

무의미한 연명치료를 중단할 권리를 보장한 우리나라의 연명의료결정법이 소극적 안락사의 범주에 포함된다면, 적극적 안락사는 더 자유로운 죽음 선택권을 보장합니다.

스위스는 적극적 안락사를 보장하는 대표적 국가입니다. 스위스는 내국인뿐만 아니라 외국인에게도 안락사를 허용합니다. 안락사는 의료진의 조력에 의한 죽음이라는 뜻에서 스위스에서는 '조력자살'이라고도 합니다. 2019년 스위스에서 안락사를 선택한 우리나라 국민은 2명이고, 대기자는 107명으로 확인되었습니다.

스위스에서 내국인과 외국인의 안락사는 차이가 있습니다. 스위스인은 안락사를 선택하더라도 집에서 눈을 감을 수 있습니다. 반면 외국인은 취리히주 파피콘에 있는 블루하우스, 즉 민간 장례업체에서 숨을 거두게 됩니다.

〈서울신문〉의 현장르포에 따르면, 스위스에서 외국인의 안락사 과정은 다음과 같습니다. **6**

먼저 안락사 이전에 동행한 가족이 수많은 서류를 확인하고 서명해야 합니다. 여기에는 환자의 병명이 적힌 의사 진단서와 환자의 사망 의사가 담긴 선언문 등이 포함됩니다. 안락사를 위해 환자가 치사약(펜토바르비탈)을 마시기 전까지 환자는 언제든지 자신의 안락사를 중단할 수 있습니다. 의사변경에 대비하여 스위스에서 안락사를 지원하는 단체인 디그니타스의 직원은 수차례 환자의 의사를 확인합니다.

환자의 결심이 변하지 않았다면, 환자는 스스로 치사약을 마시

---

**6**　〈서울신문〉, 2019. 3. 6.

고 몇 분 이내로 사망합니다. 이후 경찰이 각종 서류를 확인하고 법의학자가 타살 의혹이 없는지 검시합니다. 경찰과 법의학자가 이상 없음을 확인하면 안락사가 완료됩니다. 블루하우스에 환자가 들어간 지 8시간이 채 지나지 않아 이 모든 과정이 끝납니다.

안락사 후 시신은 블루하우스에서 승용차로 30분 거리에 위치한 취리히주 북화장장으로 보내집니다. 이곳에서 시신은 화장이나 매장 방식으로 가족의 기억 속으로 사라지게 됩니다. 특이한 점은 국적에 상관없이 스위스에서 사망하면 현지 화장장을 무료로 이용할 수 있다는 것입니다. 유골함 비용은 물론 장례식장을 사용할 때도 어떠한 비용도 들지 않습니다. 화장장으로 시신이 옮겨지면 약 3일 후 화장됩니다. 화장 전까지 시신은 유족들이 작별인사를 할 수 있는 방에 모셔집니다. **7**

스위스는 1942년부터 안락사가 용인되었습니다. 시행 초기에는 말기 암이나 전신마비의 고통을 겪는 환자에게만 허용되었으나, 지금은 우울증으로 삶의 의욕을 잃은 사람에게까지 허용됩니다. 스위스가 안락사를 용인한 것은 개인의 자기결정권을 존중하는 정서를 반영한 면도 있지만, 높은 자살률의 결과인 측면도 있습니다. 어차피 자살을 막을 수 없다면 인간답게 죽을 수 있는 방법을 열어 두자는 것이지요.

---

**7** 〈서울신문〉, 2019. 3. 6.

1994년 통계에 따르면 스위스의 자살률은 10만 명당 21. 3명이었고, 당시 우리나라 자살률은 11. 5명이었습니다. 그런데 2016년에 이르러 스위스의 자살률은 12. 5명으로 감소한 반면, 우리나라는 25. 8명으로 크게 늘었습니다. 특히 노인의 자살률은 58. 6명으로 OECD 국가 평균 18. 8명의 3배가 넘습니다.

우리나라 국민의 기대수명은 1970년대에 60세에 불과했지만 이제 80대 후반으로 늘어났습니다. 자연스레 암이나 치매 등 노인질환에 시달리는 인구의 숫자도 크게 늘어나, 병고로 시달리는 시간도 길어졌습니다.

임종환자의 소망 중 하나가 남에게 폐를 끼치기 않겠다는 것이기에 고민 끝에 극단적 선택을 하는 경우도 있습니다. 따라서 혼자 죽음에 이르는 자살은 피하고, 오픈된 환경 속에서 자기결정권을 존중하는 제도로 안락사를 도입했던 것입니다.

우리나라 형법은 비록 가족이 환자를 위해 선의로 자살을 도와주어도 처벌을 받게 되어 있습니다. 그래서 자살을 선택하는 경우 가족과 작별인사도 없이 혼자 죽음을 맞이해야 하는 것이지요. 이에 비해 가족과 이별의식을 치르고 합법적으로 죽음을 선택할 수 있는 것이 안락사 제도입니다.

스위스에서 시작된 안락사 제도는 유럽의 여러 나라로 번졌고 지금은 미국 오리건주 등 8개 주, 캐나다, 호주, 콜롬비아 등으로 확산되고 있습니다. 2019년 〈서울신문〉과 여론조사기관이 우리나라 성인 1천 명을 대상으로 실시한 여론조사에서 국민 80%가 안락사 제도 도입을 찬성하는 것으로 나타났습니다. 이제 우리도 인간답게 죽음을 맞이하는 제도 전체를 진지하게 검토해 볼 때가 되었다고 생각합니다.

한편, 가족의 안락사를 경험한 B씨는 〈서울신문〉과의 인터뷰에서 유족들이 괴로워하는 경우가 많다고 언급했습니다. 최선을 다해 보지 않고 가족을 떠나보낸 것 같은 기분이 든다는 것입니다. 하지만 결국 서로 행복한 길을 선택하도록 응원해 주는 것이 가족의 본분이라면, 죽음을 선택한 가족을 지지해 주는 것이 그의 인생을 존엄하게 지켜 주는 방식이지 않을까요?

물론 죽음을 선택할 권리를 행사하는 것은 다시 말해 스스로 목숨을 끊는 행위라는 점에서 분명히 신중하게 접근해야 합니다. 스위스와 같이 적극적 안락사가 허용될 경우 이를 무분별하게 악용하는 사례가 발생할 수 있기 때문입니다.

그러나 앞서 살펴보았듯이 현재 우리나라의 연명의료결정법은 진정한 죽음을 선택할 권리와 거리가 있어 보입니다. 죽음에 대한 성숙한 시민의식이 뒷받침된다면 적극적 안락사가 그 대안이 될 수 있지 않을까요.

웰빙만큼 웰다잉에 대한 관심이 높아진 오늘날, 우리나라에서도 죽음에 대한 시민들의 요구가 반영된 현명한 제도가 정착되기를 기대해 봅니다.

# 5장

# 치매, 미리 대비하면 두렵지 않다

## 1. 죽음보다 무서운 치매

어르신들께 나이 들어갈수록 가장 무서운 것이 무엇이냐고 여쭈어 보면 죽음보다 기억을 잃는 것, 그래서 아이처럼 굴게 되는 것, 결국 자녀들에게 짐이 되는 것이라 답하십니다. 치매가 죽음보다 무서운 질병이 된 것이지요.

실제로 2014년에 실시된 국내 치매 인식도 조사에 따르면, 노인들이 가장 두려워하는 질병은 치매(43%)였습니다. 나이가 들수록 암보다 치매를 무서운 질병으로 인식하는 것입니다.

현재 우리나라는 2060년 전체 인구에서 노인 인구가 차지하는 비중이 40.1%까지 늘어날 것으로 예측되면서 세계에서 가장 빠르게 고령화되고 있습니다. 즉, 우리나라에서 치매의 위험성은

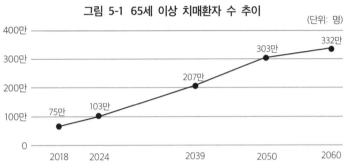

그림 5-1 65세 이상 치매환자 수 추이

(단위: 명)

출처: 〈조선일보〉, 2020. 7. 1.

더욱 커졌습니다. 2019년 2월 보건복지부 중앙치매센터 발표에 따르면, 2018년 65세 이상 치매 어르신은 약 75만 명으로 추산 하며, 2060년 추정 치매 어르신은 332만 명으로 4배 이상 급증 할 것으로 전망했습니다.

### 치매는 국가가 지킨다, 치매국가책임제

치매환자 증가의 해결책으로 정부는 2017년 9월부터 치매국가책 임제를 시행하고 있습니다. 치매에 대한 맞춤형 사례관리, 의료 지원, 장기요양서비스 확대 등을 통해 치매환자와 가족의 부담을 덜어 주는 방안들을 추진했습니다.[1] 개인의 영역이던 치매가 이 제 국가가 나서서 함께 부담하는 영역으로 확대된 것입니다.

치매국가책임제의 구체적 내용을 정리하면 다음과 같습니다.

---

1    〈한겨레〉, 2019. 9. 19.

## 맞춤형 사례관리, 치매안심센터 설치

정부에서는 전국 256개 보건소에 치매안심센터 설치하여 일대일 맞춤형 상담과 검진, 관리, 서비스 연결 등을 통합적으로 지원하고 있습니다.

치매안심센터 내에는 치매쉼터와 치매카페를 마련했습니다. 쉼터 이용시간은 1일 3시간에서 1일 7시간으로 늘렸고, 대상은 장기요양 인지지원 등급자에게까지 확대하였습니다. 야간에는 치매상담 콜센터를 이용하여 24시간 상담이 가능한 치매 핫라인 구축하였습니다.

'치매노인 등록관리 시스템'을 갖추어 전국 어디서든 유기적이고 연속적으로 치매노인 관리를 할 수 있습니다. 또한 주소지 제한을 완화하여 주소지와 상관없이 거주지 근처의 치매안심센터를 이용할 수 있습니다.

**그림 5-2 치매안심센터 업무흐름도**

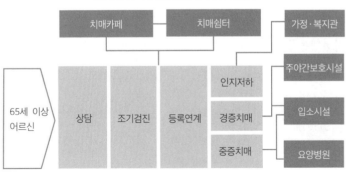

## 장기요양서비스 대폭 확대

장기요양서비스의 대상과 범위를 크게 늘렸습니다. 기존의 장기요양등급은 신체기능을 기준으로 1등급에서 5등급까지 판정했습니다. 신체기능이 정상이면 대상에서 제외되었습니다. 이에 인지지원등급을 신설하여 신체기능과 관계없이 치매환자라면 누구나 장기요양보험 등급을 부여받게 되었습니다.

장기요양서비스에서는 신체기능 유지와 증상악화 방지를 위한 인지활동 프로그램을 실시하고, 간호사가 가정방문을 하여 복약지도와 돌봄 관련 정보를 제공합니다.

치매전담형 시설을 확충하여 요양보호사를 추가 배치하고 공동거실 등을 설치했으며, 치매 맞춤형 프로그램을 제공하고 있습니다. 경증치매환자는 '치매안심형 주야간보호시설'(현재 9개소)을 이용할 수 있고, 중증치매환자는 '치매안심형 입소시설'(현재 22개소, 2022년까지 단계적 확충 예정)에 들어갈 수 있습니다.

## 치매환자 의료지원 강화

이상행동증상BPSD이 심한 중증치매환자에게는 치매안심병원에서 단기 집중치료를 제공합니다. 치매안심병원은 공립 요양병원에 치매전문병동을 설치하여 지정 운영하는 방안으로 단계적으로 확대하고 있습니다.

## 치매 의료비 및 요양비 부담 완화

중증치매환자의 의료비 본인 부담률을 최대 60%에서 10%로 인하했습니다. 건강보험을 적용하여 종합 신경인지검사는 상급종합병원 기준 40만 원에서 15만 원으로 낮추었고, 치매의심 환자 MRI 검사는 상급종합병원 기준 60만 원에서 33만 원으로 낮추었습니다.

장기요양 본인 부담금을 경감하기 위해 중위소득 50%에서 대상을 늘릴 예정입니다. 또한 휠체어, 침대, 이동식 변기 등 복지용구 지원하여 2019년 기준 18개 품목, 573개 제품을 제공했습니다.

## 치매예방 및 치매친화적 환경 조성

전국 50개 노인복지관에서 미술, 음악, 원예 등 인지지원 프로그램을 제공합니다. 전문인력이 경로당, 노인복지관 등에 방문하여 조기검진 및 예방 등의 서비스 접근성을 높였습니다.

만 66세 이상 노인에게 실시하는 국가건강검진 인지기능검사를 정밀화하고 무료화했으며, 검사주기를 4년에서 2년으로 단축했습니다. 또한 치매 조기검진 무료제공 대상을 345만 명에서 565만 명으로 늘렸습니다.

치매환자를 돌보는 가족은 치매가족휴가제를 통하여 1일 1인은 7만 5천 원(본인 부담 1만 원), 1박 2일 1인은 15만 원(본인 부담

1만 5천 원)에 단기보호 또는 방문요양을 이용할 수 있습니다.

치매환자 실종 예방사업을 진행하여 지문사전등록, 치매체크 앱, 치매인식표 등 서비스를 제공합니다. 또한 치매노인(특히 독거노인) 공공후견제도를 실시하여 치매환자의 권익보호를 위해 노력하고 있습니다.

나아가 치매안심마을을 256개에서 400개로 확장 조성하고, 치매 파트너 양성사업을 확대했습니다.

## 치매 연구개발

보건복지부와 과학기술정보통신부는 치매연구 계획의 체계적 추진을 위해 국가 치매 연구개발 10개년 계획을 수립했습니다. 또한 치매 조기진단 및 원인규명, 예측, 예방, 치료 등 중장기 연구(2020~2028)에 2천억 원을 지원하고 있습니다.

## 치매정책 행정체계 정비

2018년 5월 치매관리법을 개정하여 치매안심센터 등의 설치 및 운영을 위한 법적 근거를 강화했습니다. 또한 보건복지부 내에 치매정책 전담부서인 치매정책과를 설치하여 운영하고, 지방자치단체에 국고를 투입하여 치매 관련 지역 특화사업 추진의 여건을 조성했습니다.

치매국가책임제가 시행된 지 4년여밖에 되지 않았지만 이미 중증치매환자의 의료비 부담 완화에서 커다란 성과를 보였습니다. 치매에 대한 건강보험제도 개선을 통해 중증치매환자의 의료비 부담 비율이 최대 60%에서 10%로 대폭 낮아진 것입니다.

뿐만 아니라 많은 치매환자가 장기요양제도를 이용하는데 2018년 8월부터 장기요양비 본인부담인하 혜택구간을 확대하여 장기요양의 부담을 낮췄습니다. 또한 66세 이상 국민 중에서도 고위험군에만 실시하던 국가건강검진의 인지기능검사를 66세 이상 전 국민이 2년마다 받도록 개편하여 치매의 조기발견이 가능하게 했습니다. 그 검사 결과를 국가와 지방자치단체가 운영하는 치매안심센터에 제공하여 초기 치매환자 교육 및 관리의 효율성을 높였습니다.[2]

치매국가책임제는 아직 걸음마 단계이지만, 국가가 나서서 적극적으로 치매를 관리해 주는 시대가 머지않아 보입니다.

---

2  〈한겨레〉, 2019. 9. 19.

## 2. 초고령사회 일본으로부터 배우다

1970년대에 이미 고령화사회에 진입한 일본은 우리가 현재 고민하는 치매노인 문제의 대부분을 수십 년을 앞서 경험했습니다. 실제로 일본의 치매환자는 2025년까지 전체 인구의 약 5분의 1인 700만 명에 이를 것으로 예측됩니다. 이에 일본 정부는 2029년까지 치매 시기를 한 살가량 늦추고 70세 이상 치매 비율을 10%p가량 낮추겠다는 목표를 제시했습니다. [3]

우리나라는 인구 고령화 속도가 가파르게 증가하면서 2049년 고령인구 수가 일본을 넘어 세계 1위가 될 것으로 예측됩니다. [4] 갑작스럽게 치매국가가 될 위험에 처한 우리는 치매노인 문제를 적극적으로 해결하려 노력해온 일본 사회를 본보기로 삼아 나아가야 할 방향을 살펴볼 필요가 있습니다.

일본은 치매痴呆라는 용어가 주위의 부정적 편견을 조장하는 등 문제가 있다고 보고 2004년부터 인지증認知症이라는 새 표현을 사용하고 있습니다. 치매대책을 범사회적으로 한다는 의미에서 '상호연계의 심화, 시설에서 지역으로, 의료에서 요양으로'라는 캐치프레이즈를 기반으로 지역포괄케어시스템과 재택케어 중심의

---

**3** 〈데일리메디〉, 2018. 12. 21.

**4** 〈동아일보〉, 2020. 5. 25.

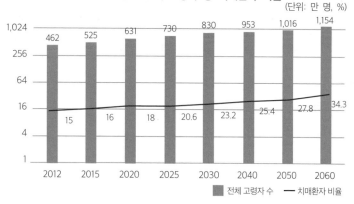

그림 5-3 일본 전체 고령자 중 치매환자 비율

(단위: 만 명, %)

주: 각 연령의 치매 유병률이 상승할 경우의 장래추계치를 반영했다.
출처: 〈중앙일보〉, 2020. 4. 5.

서비스 제공체계 구축에 힘씁니다.

이런 노력으로 '골드플랜', '신골드플랜', '골드플랜 21' 등 다양한 대책을 선보였습니다. 또 이 과정에서 드러난 단점을 보강하고 적극적 예방대책까지 보완하여 '오렌지플랜'과 '신오렌지플랜'의 치매시책 추진 종합전략을 지속적으로 발전, 확대하고 있습니다.

2013년부터 시작된 5개년 계획인 오렌지플랜은 병원 및 시설 이용 중심에서 벗어나 가급적 재가 중심 서비스를 주요 전략으로 삼고, 거주하는 지역에서 의료, 돌봄 등 일상생활지원 서비스가 포괄적으로 제공되는 것을 목표로 삼고 있습니다.

신오렌지플랜은 오렌지플랜의 실천을 강화하고자 2015년 새로운 치매 중장기 계획으로 발표되었습니다. 이 플랜은 치매 어르신의 자기결정권을 존중하면서, 가급적 치매 어르신이 정든 지역의 익숙한 환경에서 지속가능한 삶을 영위할 수 있도록 지원하는 시스템 구축을 주 내용으로 하고 있습니다.

## 치매국가책임제의 닮은꼴, 일본 치매사회책임제

2017년 우리 정부가 내세운 치매국가책임제보다 2년 앞서 일본은 사회에서 치매를 돌보는 치매사회책임제를 제시했습니다. 일명 '신오렌지플랜'(치매대책추진 종합전략)이라 불리는 이 정책은 치매환자가 사회 속에서 존중받으며 건강하게 살아가도록 하는 것을 목표로 합니다. 2012년부터 추진한 치매대책 추진 5개년 계획의 후속 대책입니다.

신오렌지플랜의 주요 내용을 살펴보면 다음과 같습니다.[5]

## 치매 이해를 위한 정보 보급 및 계발

치매환자는 요양시설 등으로 격리되어야 하는 존재가 아니라 사회 구성원으로 온전히 인정받아야 합니다. 이를 위해 치매환자에 대한 올바른 이해를 바탕으로 한 일반 시민의 공감대 형성이 중요합니다. 당초 지역에서 치매환자와 그 가족을 지원하는 치매서포터를 2017년 말까지 800만 명을 육성하는 계획을 세웠습니다.

---

**5**    〈HIRA〉, 2018년, 12권 6호.

2016년부터 의사와 간병인, 치과의사, 약사, 간호사에게 치매대응력 향상 교육을 실시하고, 지역사회가 힘을 합쳐 치매에 대처하는 체제를 계속 구축하고 있습니다. 특히 미래 세대인 초중고생의 치매 교육을 중시하여 대폭 강화했습니다.

## 치매 병세에 따른 시의적절한 의료 및 복지 제공

치매는 뚜렷한 치료제가 없는 것이 특징이기 때문에 발병 예방과 조기진단이 매우 중요합니다. 또한 질병 단계에 따라 적절한 맞춤형 의료 및 복지 서비스를 제공하는 것이 필요합니다.

따라서 신오렌지플랜은 치매 발병 전부터 생애 말기까지 시의적절한 의료 서비스를 제공하는 것을 목표로 삼았습니다. 이때 중요한 것은 치매환자의 기존 생활패턴을 최대한 존중하고 지역사회 속에서 익숙한 생활 및 관계를 유지하도록 한다는 점입니다. [6]

### 그림 5-4 치매 단계별 의료 및 복지 서비스

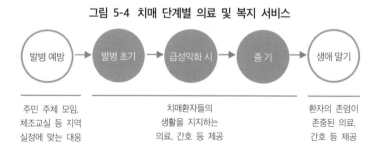

발병 예방 → 발병 초기 → 급성악화 시 → 중기 → 생애 말기

주민 주체 모임,
체조교실 등 지역
실정에 맞는 대응

치매환자들의
생활을 지지하는
의료, 간호 등 제공

환자의 존엄이
존중된 의료,
간호 등 제공

**6**　厚生労働省, 認知症施策推進總合戰略(新オレンジプラン)パンフレット作成について, 2017.

## 치매환자 및 간병인 지원 치매카페

치매는 환자만의 문제가 아닙니다. 치매환자 가족의 부담과 사회적 비용도 무시할 수 없습니다.

일본에서는 치매환자와 그 가족, 그리고 간병인의 신체적·정신적 부담을 경감하고자 치매카페의 설치 운영을 장려하고 있습니다. 치매카페에서 서로 소통하고 교류하며 지역사회와 치매 관련자가 정보를 공유하고, 일상생활과 간병의 일체감을 느끼도록 하는 것입니다.

치매카페에는 치매와 관련된 정보지, 책자, 영상물이 비치되어 있어 누구나 쉽게 치매 관련 정보를 얻을 수 있습니다. 가끔 치매 어르신이 카페 스태프가 되어 직접 커피나 간단한 식사를 제공하기도 합니다. 이렇게 치매 어르신이 지역에서 치매서포터와 함께 직접 식당을 운영하며, 직원으로 주문을 받고 서빙을 하는 '주문이 틀리는 식당'은 일본 NHK PD인 오구니 시로가 방송에 소개하여 일본 국민들의 큰 공감을 얻은 바 있습니다.

또 여기서 힌트를 얻어 우리나라의 KBS는 2018년 8월 다큐멘터리 〈주문을 잊은 음식점〉을 제작하여 국민들에게 신선한 충격을 준 바가 있습니다. 5명 중 1명이 노인이고, 그 노인 5명 중 1명이 치매인 사회가 곧 닥친다면, 우리도 기꺼이 이런 식당에 일부러라도 찾아가 한 끼 식사를 해야 할 것입니다. 짜장면을 시켰는데 짬뽕이 나왔다면 그 짬뽕을 웃으며 맛있게 먹어 주는 것이 치매

카페의 정다운 풍경입니다.

신오렌지플랜에 화답해 일본 스타벅스 재팬은 매장 8곳을 치매 카페로 운영하여 화제를 모았습니다. 스타벅스처럼 일상적이며 개방된 장소는 치매에 대한 부정적 인식을 줄이기에 최적의 장소입니다. 스타벅스는 이 카페를 D 카페라고 명명했습니다. D는 치매dementia, 다양성diversity, 친밀감dear이라는 의미로, D 카페는 치매환자, 가족, 서포터, 지역주민이 다양하게 교류하는 장소가 되고 있습니다.

### 치매환자를 포함한 고령자 친화적 지역 만들기
치매환자를 포함한 고령자가 생활하기 좋은 환경의 정비(하드웨어)와 생활지원(소프트웨어)을 동시에 진행하여 고령자 친화적 지역사회 구축을 추진하고 있습니다.

### 치매예방과 치료, 재활과 간병 모델 연구개발 및 보급
치매의 원인이 되는 각각의 질환 병태나 행동심리 증상을 유발하는 메커니즘 규명에 대한 연구 등을 정부에서 후원하고 있습니다.

### 치매환자와 가족의 시점 중시
치매정책의 기획, 입안 및 평가 과정에서 치매환자나 그 가족의 참여를 허용하여 치매환자와 가족들의 목소리가 정책에 충실히 반영될 수 있도록 합니다.

특히 일본에서는 치매관리 체계를 갖추어 환자 본인과 가족, 간병인과 주치의, 간호서비스 관련 케어매니저 및 지역포괄지원센터와 이를 둘러싼 여러 구성요소의 활발한 상호작용을 촉진하고 있습니다.

처음 치매관리경로에 진입하여 면담하는 과정에서 '치매관리경로 연계시트'에 여러 가지 정보를 기입하여 치매 서비스 진행 중 그 내용이 공유되도록 합니다. 치매관리경로 연계시트는 크게 환자 본인의 정보, 환자 가족의 정보, 제도 외적 부분의 자원 요인, 의료보험·개호보험 또는 주민생활을 지원하는 지역자원을 기입하는 항목으로 구분됩니다.

환자 본인의 정보는 치매에 대한 정보, 치매 외 신체적 정보, 그 밖에 본인 특징과 관련된 정보로 구성됩니다. 환자 가족의 정보는 가족의 기본적 특성에 대한 정보와 환자의 치매로 발생한 간호 부담감, 상실감 등의 내용으로 이뤄집니다. 제도 외적 부분의 자원 요인에는 보조간병인 유무, 이웃과의 관계, 가족모임 등의 정보가 포함됩니다. [7]

치매관리경로 연계시트는 요양원 및 요양병원과 대형병원 간의 환자정보 교류가 제한되어 있는 우리나라에는 시사하는 바가

---

7    〈HIRA〉, 2018년, 12권 6호.

큽니다. 전 사회 구성원의 상호작용으로 치매환자를 돌본다는 치매사회책임제의 바람직한 방향을 보여 주는 사례라고 할 수 있습니다.

그림 5-5 일본의 치매관리경로

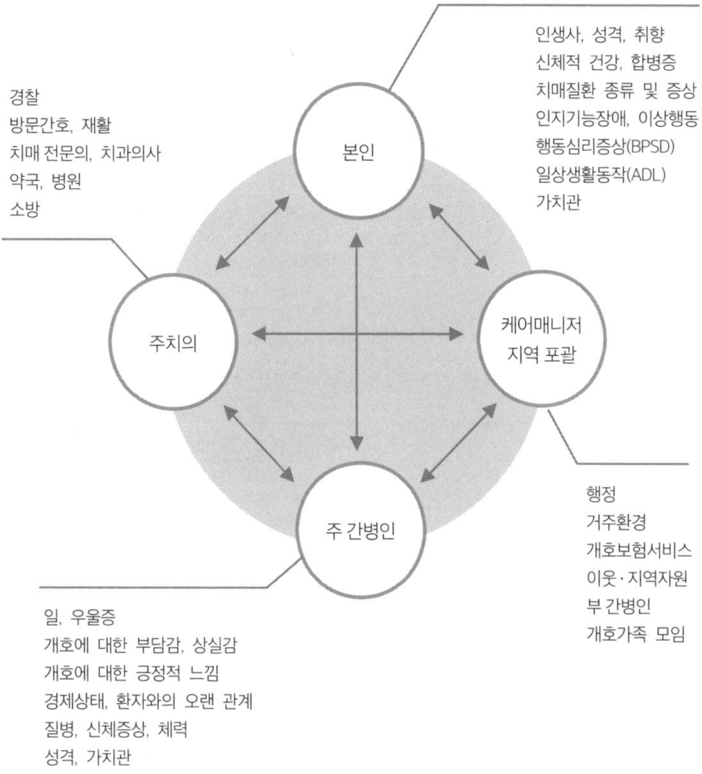

경찰
방문간호, 재활
치매 전문의, 치과의사
약국, 병원
소방

본인

인생사, 성격, 취향
신체적 건강, 합병증
치매질환 종류 및 증상
인지기능장애, 이상행동
행동심리증상(BPSD)
일상생활동작(ADL)
가치관

주치의

케어매니저
지역 포괄

행정
거주환경
개호보험서비스
이웃·지역자원
부 간병인
개호가족 모임

주 간병인

일, 우울증
개호에 대한 부담감, 상실감
개호에 대한 긍정적 느낌
경제상태, 환자와의 오랜 관계
질병, 신체증상, 체력
성격, 가치관

출처: 京都地域包括ケア推進機構. 2015.

## 그림 5-6 치매관리경로 연계시트 작성 사례

| 성명 | 교토 타로(만 78세) | 성별<br>■남<br>□여 | 주소 | 교토시 O구 XX |
|---|---|---|---|---|
| 생년월일 | 1937년 5월 1일 | | 전화번호 | 000-000-0000 |

| 주치의 | OO OO | 연락처 | B 의원 |
|---|---|---|---|
| | | 치매 전문의 | A 의원(정기 통원 없음) |
| 기타 진찰 | | 약국 | C 약국 |
| | | 방문 간호 등 | |

---

**· 병력**
대장암 수술(2008년) 후
백내장 수술(2010년)

**· 치매 이외 치료중인 질환과 주요 데이터나 상황**
고혈압 : 내복 시 125/70 정도
과민성 방광 : 야간 소변 2회 정도
고요산혈증

---

**· 치매 병력·주요 증상(병명을 통보한 경우 병명도 기입)**
2012년경부터 같은 것을 몇 번이나 물어보고 제사 날짜를 가족에게 전달하는 것을 잊는 등 건망증이 눈에 띄게 되고, 바둑 클럽도 다니지 못하게 되었음. 주치의에게 상담했는데, 소개 된 2013년 6월 전문의(A의원) 진찰, 초기 알츠하이머형 치매 진단을 받은 후, 주치의로부터 치매치료 약물의 처방을 받고 있음.

---

**· 신체 소견 (신장 166cm / 체중 66kg)**
□ 보행장애 (□ 편(片)마비 □ 파킨슨병 □ 기타                    ) □ 실어증 □ 난청 □ 시력장애
<기타주요신체소견>
특별히 없음.

---

### 검사소견

**· 인지기능검사(HDS-R, MMSE 등)**
HDS-R 18점(2013년 6월)

**· 두부영상검사(CT, MRI 등)**
두부 MRI 촬영 2013년 7월에 실시, 가벼운 해마 위축 소견

---

**· 행동심리검사(BPSD) 상황**
□ 특별히 없음 □ 환시·환청 □ 망상 □ 밤낮역전 □ 불면증 ■ 흥분 ■ 폭언 □ 폭행 □ 개호에 대한 저항
□ 화기 부주의 □ 불결행위 □ 이식행동(異食行動) □ 성적문제행동 □ 우울증 □ 불안 □ 무위 □ 기타(        )
<경과·주의사항>
2014년 7월 경부터 아내가 목욕을 재촉하는 것 등에 몹시 화를 내었음. 또한, TV를 볼 때 걸음을 재촉하자 커피 잔을 던지는 등의 반응을 보였음

---

**· 장애노인의 일상생활 자립도**
□ 자립 □ J1 ■ J2 □ A1 □ A2 □ A3
□ B1 □ B2 □ C1 □ C2

**· 치매노인의 일상생활자립도**
□ 자립 □ I □ IIa ■ IIb □ IIIa □ IIIb □ IV □ M

---

**· 사용중인 약제**
암로디핀 5mg 1정 아침 후
도네페질 5mg 1정 아침 후
노리붸나신 5mg 1정 저녁 후

**· 약제 관련 유의사항**
약 관련 알레르기는 특별히 없음.
약 복용하는 것을 잊고 있기 때문에 아내가 복약 관리를
실시하고 있음.

출처: 京都地域包括ケア推進機構. 2015.

# 3. 치매환자를 사로잡아라

치매인구가 사회 전체에서 차지하는 비중이 크게 증가하면서 많은 기업에서 치매 비즈니스에 투자를 아끼지 않고 있습니다. 나라에서 치매국가책임제를 통해 치매환자와 그 가족들을 지원하고 있는 것에 더해 민간기업도 힘을 보태는 것입니다. 이제 전세계의 민간기업이 출시한 새롭고 편리한 치매 관련 제품과 서비스를 주목할 필요가 있습니다.

표 5-1 다양한 치매 비즈니스

| 사업명 | 제공기관 | 주요 내용 |
|---|---|---|
| 공적 간병보험에 의한 간병서비스 | 지방자치단체, 의료법인, 복지법인, 일반기업 | 비영리단체가 운영하는 간병시설, 영리기업이 운영하는 유료 노인홈, 치매고령자 그룹홈, 데이케어 서비스, 방문간병 서비스, 복지용구 렌탈 서비스 등 |
| 민간 간병보험 | 보험회사 | 가입자의 보험료를 재원으로 간병보험사업을 운영, 피보험자는 간병의 정도에 따라 보험금을 받을 수 있음 |
| 고령자 안부서비스 | 세콤, ALSOK 등 | 생활 동선에 센서를 설치하고 이상을 감지할 때, 경비회사가 안부를 확인하는 서비스, 고령자 상담 서비스 등 |
| 안부기능부착 베드 | 패러마운트베드, 프랑스베드 등 | 베드에 부착된 센서로 치매환자의 이탈과 낙상을 감지하고, 간병인에게 통보하는 시스템을 탑재한 베드 |
| 배회방지 대책 | 지방자치단체 | 배회고령자를 쉽게 발견하기 위한 GPS가 부착된 배지 배급, 지역 편의점과 주유소 등과 제휴한 배회 치매환자 발견 및 보호 시스템 등 |

출처: 〈중앙일보〉, 2020. 5. 17.

## 주사약의 시대는 끝났다, 디지털 신약

어린아이에게 병원은 아픈 주사를 맞는 무서운 곳입니다. 장난감을 사달라고 떼쓰던 아이도 '주사 맞으러 갈래?'라고 하면 울음을 뚝 그치곤 하지요. 그러나 주사가 무서운 것은 어른도 마찬가지입니다. 특히 고령이 되면 피부 얇아져 가느다란 바늘로 찔러도 아픕니다. 장시간 다량의 약을 투여받는 장기입원 환자들은 주사바늘을 찌를 혈관을 찾기 어려워 손등에 주사를 놓기도 합니다.

VR(가상현실), ICT, IOT 등 IT 기술의 발달로 기술이 전통적인 주사약과 복용약을 대체할 길이 열리고 있습니다. 바로 앱, VR, 웨어러블, 챗봇, 게임 등 다양한 종류의 디지털 기술과 기기를 활용하여 질병을 치료하는 '디지털 신약'digital therapeutics이 개발되고 있는 것입니다.

특히 가상현실을 구현할 수 있는 VR 기술의 발달로 디지털 신약을 통해 재활치료, 치매예방, 정서관리 등이 가능해졌습니다.[8] 이는 가벼운 인지장애 증상만 보이는 경증치매환자에게 더욱 효과적입니다.

VR 재활치료는 가상 노젓기, 사이클 등을 통해 환자가 집안에서도 쉽고 간편하게 재활과정을 즐길 수 있습니다. 신체재활뿐만 아니라 불안장애 극복 등 심리재활도 가능합니다.

---

[8] 〈시민의 소리〉, 2020. 6. 17.

게임을 이용하면 더욱 즐거운 치매치료가 가능합니다. 재활훈련 VR 콘텐츠를 개발하는 SY 이노테크는 기억력, 공간지각력, 주의력, 인지력, 판단력 등 8개 인지영역별 VR 콘텐츠를 개발했습니다. 이 콘텐츠는 유해조류 퇴치, 불꽃놀이, 마트 장보기 등 재미있는 상황이 설정된 게임을 통해 인지능력 개선을 돕습니다.

　　VR 기술은 정서관리 측면에서도 새로운 가능성을 활짝 열어가고 있습니다. 바쁜 사회생활로 얼굴 보기 힘든 자녀나 손주 이미지를 활용한 콘텐츠나, 입원환자의 무료함을 해소하는 콘텐츠 개발에 박차를 가하고 있는 것입니다.

VR 인지재활서비스 티온플러스　출처: 휴먼아이티솔루션.

## 치매 배리어프리 사회

요즘 대학 및 공공기관은 고령자나 장애인도 살기 좋은 사회를 만들기 위해 물리적·제도적 장벽을 허물고 있습니다. 이른바 배리어프리barrier -free 사회를 만들려고 노력하고 있습니다.

휠체어 사용자나 노약자를 위해 계단 대신 비탈길과 엘리베이터를 만들고, 화장실 벽면에는 손잡이를 갖추었습니다. 행사 개최 시 수화전문가를 초빙하고, 수업 내용을 점자로 타이핑해 주는 도우미를 고용합니다.

이 모든 것들이 불과 10여 년 전만 해도 상상하기 힘들었습니다. 이제 물리적 불편함을 최소화하는 배리어프리 사회에서 한 걸음 더 나아가 치매환자에게 장벽 없는 도시와 사회를 만드는 것이 새로운 과제로 떠올랐습니다.

초고령 국가인 일본은 이를 가장 활발히 실천하는 나라입니다. 2019년 일본의 이와테현 다키자와시는 '치매를 배려한 슬로 쇼핑 프로젝트'를 추진해 '치매와 함께 살아가는 지역 대상'을 수상했습니다. 9 이 프로젝트는 치매환자와 그 가족이 매주 목요일 오후에 자원봉사자인 쇼핑 파트너의 도움을 받으며 쇼핑을 하는 것입니다. 치매환자도 쇼핑을 좋아할 것이라는 생각에서 출발한 이 프로젝트는 치매환자가 스스로 그날의 저녁식사 메뉴를 계획하고,

---

**9** 〈중앙일보〉, 2020. 6. 14.

치매친화 마크Dementia Friendly를 부착한 일본 식당.

함께 먹을 사람을 정하면서 일상적 행복을 누리게 해주었습니다.

일본은 2019년 6월 치매대책추진 관계각료회의에서 발표한 치매대책 추진대강에 치매 배리어프리 추진대책을 포함시켰습니다. 이 대책은 치매환자가 소외되지 않는 사회를 만드는 것이 목표입니다. 구체적 내용은 버스운전사의 치매환자 접객 가이드라인 제시, 충실한 사업자 교육과 적절한 접객 추진, 고령자 면허제도 신설, 2020년까지 고령자용 주택 비율 3~5% 확보 등입니다.

치매 배리어프리는 일본에서도 아직 생소한 개념입니다. 일본 후생노동성의 설문조사에서, 기업의 80% 이상이 치매 배리어프리 실현을 위해 어떤 대책을 수립해야 할지 모르겠다고 답했습니다. [10]

---

**10**  〈중앙일보〉, 2020. 6. 14.

**표 5-2 기업의 치매 배리어프리 장려제도**

| 구분 | 주요 내용 |
|---|---|
| 치매 배리어프리<br>표창제도 | 치매 배리어프리 인증을 받은 기업 중에서 상징적 대책, 현저한 대책, 치매 배리어프리의 저변 확대에 기여하는 롤 모델이 되는 대책을 표창함 |
| 치매 배리어프리<br>인증제도 | 평가기준과 함께 치매 배리어프리를 선언한 실제 대책과 그 결과를 평가, 구체적 대책을 평가함 |
| 치매 배리어프리<br>선언 | 지역공생사회를 실현하기 위한 기업의 자세를 평가하여, 더 많은 기업을 포함하는 사회 전체 운동을 촉진하려는 목적으로 평가항목을 설정함 |

출처: 〈중앙일보〉, 2020. 6. 14.

장애인 등을 위한 일반적 배리어프리도 완성하지 못한 우리나라에서는 아마 '치매 배리어프리'란 용어조차 모르는 기업도 많을 것입니다. 하루빨리 치매 어르신들이 환자가 아니라 한 인격체로서 편안한 노후를 즐길 수 있는 치매 배리어프리 사회가 정착되길 기대해 봅니다.

## 치매노인에게도 투표권을

우리 사회는 지난 몇 년간 투표의 중요성을 직접 체험했습니다. 실제로 선거에 대한 국민의 관심이 커졌고 투표율도 상승했습니다. 21대 국회의원 선거는 코로나19 속에서도 투표율이 60%를 넘어 역대 총선 중 최고치를 기록했습니다. 연로한 어르신들이 투표소에 일찌감치 나와 일회용 장갑을 끼고 소중한 한 표를 행사하는 풍경은 성숙해진 대한민국의 선거문화를 실감케 했습니다.

## 그림 5-7 거소투표 방법

거소투표 신고
(전자우편, 팩스,
문자 등)

거소투표 용지,
회송용 봉투
우편 수령

투표용지에 기표 후
회송용 봉투에
담아 봉합

우체국에서
수거

출처: 행정안전부, 2020.

그렇다면 혼자서 거동이 불편한 고령자나 치매 어르신들은 어떨까요? 물론 당장 눈앞의 사람이 누구인지조차 기억하지 못하는 중증치매 어르신들은 투표권을 행사하는 것이 바람직하지 않습니다. 하지만 경미한 인지장애 수준인 경증치매 어르신들은 투표할 수 있는 방법을 찾아야 합니다.

현재 우리나라에서는 거소투표를 시행하여 이런 문제를 해결하고 있습니다. 거소투표란 투표소에 직접 가지 않고 우편으로 투표할 수 있는 부재자투표 방식의 하나입니다. 선거인은 선거일 전에 거소투표 신고를 하고 발송받은 투표용지에 기표한 후 이를 회송용 봉투에 넣어 선거관리위원회로 보내는 방식으로 투표합니다.

일반적으로 군대, 병원, 요양원, 구치소 등에 있거나 신체장애로 거동이 어려운 사람들이 거소투표를 이용합니다. 거소투표 신고서는 가까운 주민센터나 구·시·군청(읍·면·동사무소), 중앙선거관리위원회 등에 비치되어 있고 중앙선거관리위원회 홈페이지에서도 출력할 수 있습니다. 선거인은 이를 작성한 후 본인의 주소지 관할 구·시·군청(읍·면·동사무소)으로 직접 제출하거나 등기우편으로 발송합니다.[11]

병원이나 요양원 등에서 10명 이상이 거소투표를 할 때에는 투표소를 설치해야 합니다. 거동이 불편한 경우에는 기표소에 유권자와 보호자가 함께 들어갈 수 있습니다. 바로 이 점 때문에 요양원 등지에서의 거소투표가 선거의 공정성을 해칠 수 있다는 비판도 꾸준히 제기되고 있습니다.

치매환자라는 이유로 투표권을 제한하는 것은 그 자체로 또 하나의 차별이자 위법행위입니다. 국내 고령자와 치매환자가 꾸준히 증가하는 상황에서 거소투표에 대한 인식개선과 대중화를 위한 노력이 시급합니다.

## 4. 맞춤형 치매관리, 치매안심센터

우리나라는 치매국가책임제 정책의 일환으로 2020년 기준 전국 시·군·구 256개 보건소에 치매안심센터를 설치했습니다. 여기서 치매 어르신과 가족들은 일대일 맞춤형 상담과 검진 및 관

---

11    〈디멘시아 뉴스〉, 2020. 4. 15.

리를 받을 수 있습니다. [12]

치매진단을 통해 어르신의 인지 건강상태에 따라 맞춤형 서비스를 제공한다는 점에서 치매안심센터는 치매의 예방부터 관리까지 책임지는 곳입니다.

치매증상이 아직 나타나지 않지만 치매가 미리 예방하고 싶은 어르신, 치매가 진행되고 있는 어르신, 그리고 치매 어르신을 모시는 가족 등 치매와 관련해 도움을 받고 싶은 누구나 치매안심센터를 이용할 수 있습니다.

치매안심센터에서 제공하는 서비스는 다음과 같습니다. [13]

## 치매예방 교실

치매안심센터에서는 건강한 어르신을 위한 치매예방 교실과, 치매에 걸릴 위험이 높은 어르신을 위한 인지강화 프로그램을 제공합니다.

## 치매 조기검진

무료 치매 선별검사를 정기적으로 실시하고, 검사 결과에 이상이 있을 경우 치매진단과 감별검사를 지원합니다.

---

12    정책브리핑, 2020. 1. 7.

13    중앙치매센터 홈페이지 참조.

## 조호助護 물품 제공

치매 어르신의 상태에 따라 돌봄에 필요한 물품(기저귀, 방수매트 등)을 무상공급 또는 대여하여, 가족의 경제적 부담을 줄일 수 있도록 도와줍니다.

## 맞춤형 사례관리

치매지원 서비스에 대한 교육이나 정보제공만으로 상황을 개선하기 힘든 치매 어르신을 위해 치매지원 서비스를 적극적으로 제공하고 이와 연계한 돌봄 서비스를 제공합니다.

## 쉼터 마련

치매 어르신의 인지기능 악화를 방지하기 위한 인지재활 프로그램을 제공하고, 사회적 접촉 및 교류를 증진시킬 수 있는 쉼터를 마련했습니다.

## 실종 방지 지원

치매 어르신의 실종 방지를 위해 '배회가능 어르신 인식표' 발급 신청과 경찰청의 '지문 등 사전등록제도'에 따른 지문 등록이 가능합니다. 2018년 3월부터 경찰청뿐만 아니라 전국의 치매안심센터와 스마트폰 안전드림 앱에서 치매노인 지문사전등록이 가능해지면서 사전등록 건수가 지속적으로 증가하고 있습니다.

**표 5-3 치매예방 지문사전등록 건수**

| 연도 | 건수 | 누적 건수 |
|---|---|---|
| 2012. 2 ~ 2017 | - | 5만 4,716 |
| 2018 | 4만 2,231 | 9만 6.947 |
| 2019 | 4만 2,009 | 13만 8.956 |

출처: 디멘시아뉴스, 2020. 7. 3.

### 치매환자 가족상담

치매환자 가족상담을 통해 가족이 느끼는 치매환자 돌봄에 대한 부담을 파악하고, 이 부담을 줄일 수 있도록 적절한 서비스를 연결합니다.

### 동반 치매환자 보호서비스

치매환자 가족이 치매안심센터 내부에서 진행하는 가족교실에 참여하는 동안 치매 어르신을 보호하는 서비스를 제공합니다.

### 치매 공공후견사업

성년후견제도를 통해 의사결정능력 부족으로 어려움을 겪고 있는 치매 어르신의 의사결정을 지원합니다.

## 5. 치매, 보험이 답일까?

치매는 당사자는 물론 그 가족에게까지 커다란 경제적 부담을 줍니다. 보건복지부 산하 중앙치매센터 자료에 따르면, 치매환자 1명당 의료비와 간병비는 연간 2,074만 원입니다. 퇴직했거나 고정적 일자리가 없는 노인들에게 감당하기 힘든 액수입니다. 한창 자녀 교육비 등으로 지출이 큰 자녀들에게도 무거운 짐입니다.

치매부양비는 사회 전체적으로 보았을 때도 커다란 부담입니다. 통계청에 따르면, 인구 절감으로 2065년 우리나라의 장래 치매부양비(생산가능인구 100명이 부담해야 하는 65세 이상 치매환자 수)가 17.9명까지 급증하게 됩니다. [14]

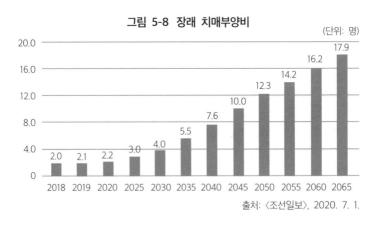

그림 5-8 장래 치매부양비

(단위: 명)

출처: 〈조선일보〉, 2020. 7. 1.

---

14    〈조선일보〉, 2020. 7. 1.

저출산 고령화의 영향으로 생산가능인구는 줄어들지만 부양할 노인 수는 늘어나는 불균형적 상황이 발생하는 것입니다.

## 믿었던 치매보험에 발등 찍힌다

치료약도 없는 치매에 많은 비용이 들어가다 보니 많은 잠재적 치매환자가 치매보험에 가입합니다. 금융감독원의 2019년 보고서 〈치매보험 가입현황을 통해 본 고령층 보험시장의 시사점〉에 따르면, 2019년 상반기 기준 치매보험 신규 가입 건수는 136만 2천 건으로 2017년 상반기 21만 2천 건 대비 6.4배나 늘었습니다. [15]

　2018년 하반기 무렵부터 중증치매뿐만 아니라 경증치매 진단에도 수천만 원의 진단비를 지급하는 상품이 출시되면서 치매보험의 인기가 급상승했습니다. 이 상품의 보험료는 월 5만~9만 원 선입니다.

　현재 금융감독원은 치매보험의 약관에서 중증치매와 경증치매를 나누는 기준이 불분명하다고 우려합니다. 대부분의 보험사에서는 치매 전문의가 실시하는 전반적 인지기능 및 사회기능 측정 검사인 CDR(임상치매척도)을 통해 중증치매와 경증치매를 구분합니다. CDR 척도는 0~5점까지인데, 1~2점은 경증치매, 3~5점은 중증치매로 판별합니다.

---

**15**　〈보험저널〉, 2020. 1. 20.

## 그림 5-9 증상에 따른 치매환자 비중

주: 최경도: CDR=0.5, 경도: CDR=1, 중등도: CDR=2, 중증: CDR≥3
출처: 〈비즈니스워치〉, 2019. 7. 3.

## 표 5-4 CDR 척도 점수 및 증상

| 점수 | 수준 | 증상 | |
|------|------|------|------|
| 0.5 | 최경도 | 지속적 건망증 | |
| 1 | 경도 | 기억장애 | 경증치매 |
| 2 | 중증도 | 반복된 과거 기억 | |
| 3 | 중증 | 심한 기억장애 | 중증치매 |
| 4 | 심각 | 심한 기억장애마저 상실 | |
| 5 | 말기 | 기억력 없음 | |

출처: 중앙치매센터.

문제는 보험 약관서에 "CT(컴퓨터단층촬영)나 MRI(자기공명영상) 등 뇌영상검사를 기초로 한다"와 같은 제한 규정입니다. 비교적 증상이 경미한 경증치매의 경우 CDR 검사에서는 1점을 받아도 CT나 MRI에서 이상이 보이지 않는다면 보험금 지급이 이루어지지 않을 수 있는 것입니다.[16] 금융감독원은 경증치매 진단 등과 관련한 분쟁을 예상해 2019년 10월부터 개선안을 지정해 실행하도록 지도하고 있습니다.

그러나 만일의 경우에 대비하여 보험 가입 전에 관련 규정을 반드시 확인할 필요가 있습니다. 우선 치매보험을 고를 때 80세 이후에도 보장받을 수 있는 상품인지 확인해야 합니다. 대개 치매보험의 만기는 70, 80, 85세부터 100세까지 촘촘히 나뉘어 있기 때문에 잘 살펴보아야 합니다. 또한 치매진단을 받은 본인이 스스로 보험금을 청구하는 것이 어려울 수 있기 때문에 치매보험 가입 시에 미리 대리청구인을 지정해야 합니다.

마지막으로 치매보험은 저축성 보험이 아니라 보장성 보험이므로, 경제적 이유로 중도 해약하면 예상되는 손실액이 큽니다. 그렇기 때문에 미리 여러 가지 상황을 미리 살펴본 후 가입하는 것이 좋습니다.

---

16    〈한겨레〉, 2021. 4. 19.

## 표 5-5 치매보험 가입 시 유의사항

| 내 용 |
| --- |
| 1. 중증 및 경증치매까지 보장 가능한 상품 선택 |
| 2. 80세 이후까지 보장받을 수 있는 상품 선택 |
| 3. 보험금 대리청구인 지정 필요 |
| 4. 목돈 마련 목적에는 적합하지 않으며 노년기까지 보험을 유지할 필요 있음<br>(중도 해약은 커다란 손실을 낳음) |
| 5. 약관에 명시된 경증치매 진단기준 확인 필요 |

출처: 금융감독원.

## 표 5-6 치매보험 약관상 치매진단 기준 개선안 (2019)

| 기존 | 개선안 |
| --- | --- |
| 1. 정신·신경과 전문의 진단서에 의함 | 1. 치매전문의(신경과, 정신건강의학과)의 진단서에 의함 |
| 2. 진단은 병력, 신경학적 검진과 함께 CT, MRI, 뇌파검사, 뇌척수액 검사 등을 기초로 해야 함 | 2. 진단은 병력청취, 인지기능, 정신상태평가, 신체진찰, 신경계진찰, 신경심리검사, 일상생활능력평가, 검사실검사, 뇌영상 검사 등 필요한 검사를 종합적으로 평가 |
| - | 3. CT, MRI 등 뇌영상검사에서 치매 소견이 확인되지 않아도 다른 검사의 종합적 평가로 진단 가능 |
| - | 4. 보험사가 (손해사정상) 치매 상태 조사나 확인을 위해 계약자, 피보험자에게 진단검사 결과 제출을 요청할 수 있음 |

출처: 금융감독원.

# 치매 관련 정보 모음

## 1. 가까운 치매안심센터 찾기
- 치매안심통합관리시스템(ANSYS) 홈페이지

## 2. 365일 24시간 치매 무료상담
- 치매상담 콜센터: 1899-9988
- 보건복지부 상담센터: 129

## 3. 치매환자 실종 예방
- 치매환자 지문등록
  - 현장등록: 시설, 행사장 등에서 등록
  - 내방등록: 치매안심센터, 주민센터,
    경찰서, 지구대, 파출소 방문 등록
  - 자가등록: 안전 Dream 홈페이지
  - 실종신고센터 문의: 182
- 실종위험 노인에게 인식표 보급
  - 만 60세 이상 치매위험 노인에게 치매안심센터에서 상시 무료 발급

## 4. 실종치매노인 찾기 지원
- 시설에서 보호 중인 무연고 노인과 치매노인 비교 찾기 서비스
- 보호시설로부터 무연고노인 신상카드 접수
- 무연고 노인 등록하기(보호시설의 장 또는 종사자 의무)
  - 중앙치매센터 홈페이지의 무연고노인 신상카드 제출 서비스
- 유전자 검사 의뢰: 관할 경찰서
- 실종노인 찾기
  - 중앙치매센터 홈페이지의 실종노인 찾기 서비스
- 실종노인 전단지 제작 무료지원: 실종 후 1주일 경과 후 신청자에 한해
  전단지 4천 장, 스티커 1천 장, 현수막 1개 무료제작 지원
  - 중앙치매센터 홈페이지의 실종노인 무료 홍보물 제작 신청 서비스
- 배회감지기(GPS 위치추적기) 대여 신청
  - 복지용구 사업소 방문 및 상담 이후 가능

## 그림 5-10 실종대응카드

(앞면)　　　　　　　　　(뒷면)

- 배회감지기 서비스
  - 보호자 핸드폰으로 실시간 위치조회
  - 안심지역 설정 후 이탈 시 보호자 통보
  - SOS 기능
- 배회감지기 본인부담률
  - 일반대상자: 15%
  - 감경대상자: 6~9%
  - 타법령에 따른 의료급여 수급자: 6%
  - 국민기초생활보장법에 따른 의료급여 수급자: 면제
- 기타 문의사항 안내
  - 국민건강보험공단 고객센터(1577-1000) 및 노인장기요양보험 운영센터
- 실종 신고: 경찰청 112

## 5. 치매 자가진단 누리집
- 중앙치매센터 홈페이지의 치매자가진단 서비스

## 6. 개인 상황에 따른 치매지원 서비스 찾기
- 중앙치매센터 홈페이지의 알짜정보내비게이션 서비스

## 7. 치매 종합포털 모바일 앱 '치매 체크'
- 치매위험 체크
- 뇌건강 트레이너
- 돌봄 서비스
- 서비스 박스
- 실종대응 가이드
- 치매극복 함께하기

# 6장

# 사회가 책임지는 노후, 노인복지서비스

## 1. 노후 행복을 지키는 노인장기요양보험 [1]

노인 돌봄은 가정이 맡아야 할 의무일까요? 자녀가 부모를 모시는 것이 강력한 도덕규범이던 과거에는 노인 돌봄을 가정의 영역 밖에서 생각할 수 없었습니다. 그러나 현대 복지국가의 탄생 이후 사회가 노인 돌봄을 담당하는 방향으로 변화하고 있습니다.

우리나라는 2008년 노인장기요양보험 제도를 도입하면서 노인 돌봄을 가정 영역에서 공공 영역으로 이행했습니다. 노인장기요양보험은 고령이나 노인성 질환 등으로 일상생활을 혼자서 수행하기 어려운 노인들에게 신체활동 및 일상생활 지원 등 서비

---

[1]    보건복지부 홈페이지, 〈시니어매일〉, 네이버 포스트 참조.

스를 제공하여 노후생활을 안정시키고 가족의 부담을 덜어 주는 사회보험제도입니다. 건강보험, 국민연금, 고용보험, 산재보험과 함께 5대 사회보험으로 불리기도 합니다.

노인장기요양보험 제도에 따라 등급 판정을 신청해 인정받은 사람 수가 2008년 21만 4천여 명에서 2019년 71만여 명으로 3배 이상 증가했습니다. 이 사실에서도 알 수 있듯이, 노인장기요양보험은 현재 우리나라 노인복지에서 핵심적 역할을 하고 있습니다.

국민건강보험료를 내는 모든 국민은 노인장기요양보험 가입자이지만, 제도의 내용은 널리 알려지지 않았습니다. 예를 들어, 인기 드라마 〈나의 아저씨〉(tv N, 2018)에서 요양병원에 입원 중인 할머니가 병원비를 내지 못해 도주하는 장면이 나옵니다. 만약 이 할머니가 노인장기요양보험 제도를 미리 알았다면 이런 상황은 벌어지지 않았을 것입니다.

안전하고 행복한 노후를 맞이하기 위해, 노인장기요양보험의 구체적 내용을 살펴볼 필요가 있습니다.

## 신청 대상

노인장기요양보험의 신청 대상은 소득 수준과 상관없이 노인장기요양보험 가입자(국민건강보험 가입자와 동일)와 그 피부양자, 의료급여 수급권자로서 65세 이상 노인과 65세 미만의 노인성 질환이 있는 사람(6개월 이상 혼자서 일상생활 불가)입니다.

## 급여 대상

노인장기요양보험의 급여 대상은 65세 이상 노인 또는 치매, 중
풍, 파킨슨병 등 노인성 질환을 앓고 있는 65세 미만인 사람들 중
에 6개월 이상의 기간 동안 일상생활을 수행하기 어려워 장기요
양서비스가 필요하다고 인정되는 사람입니다. 부양가족의 유무
나 신청자의 경제 수준과 무관하게 급여 대상이 될 수 있습니다.

## 등급 판정

노인장기요양보험 신청인에 대해서는 지역별 장기요양등급 판
정위원회에서 1등급부터 5등급까지 등급 판정이 이루어집니다.
이 등급 판정을 통하여 장기요양 급여의 유효기간, 종류 및 내
용 등이 결정됩니다.

### 표 6-1 노인장기요양보험 등급 판정 기준

| 구분 | 등급 판정 기준 |
|---|---|
| 1등급 | 일상생활에서 전적으로 다른 사람의 도움이 필요한 자로서 장기요양인정점수가 95점 이상인 자 |
| 2등급 | 일상생활에서 상당 부분 다른 사람의 도움이 필요한 자로서 장기요양인정점수가 75점 이상 95점 미만인 자 |
| 3등급 | 일상생활에서 부분적으로 다른 사람의 도움이 필요한 자로서 장기요양인정점수가 60점 이상 75점 미만인 자 |
| 4등급 | 일상생활에서 일정 부분 다른 사람의 도움이 필요한 자로서 장기요양인정점수가 51점 이상 60점 미만인 자 |
| 5등급 | 치매환자로서 장기요양인정점수가 45점 이상 51점 미만인 자 |

## 그림 6-1 노인장기요양보험 관리운영 체계

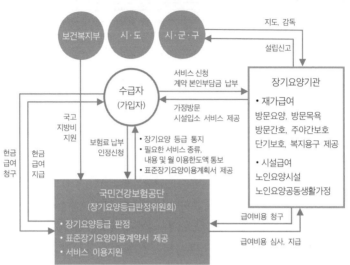

## 장기요양 인정 및 서비스 이용 절차

노인장기요양보험의 장기요양 인정과 서비스 이용을 위해서는 5단계의 절차를 거칩니다. 첫째, 노인장기요양보험공단 각 지사별 장기요양센터에 신청합니다. 둘째, 공단 직원의 방문조사가 이루어집니다. 셋째, 등급판정위원회에서 장기요양 인정 및 등급 판정을 합니다. 넷째, 장기요양센터에서 장기요양인정서 및 표준장기요양이용계획서를 통보합니다. 다섯째, 장기요양기관 서비스를 이용합니다.

## 급여 종류 및 내용

노인장기요양보험의 급여는 크게 세 종류로 구분됩니다. 첫째, 시설급여로, 장기요양기관이 운영하는 노인의료복지시설(요양병원 제외)에 장기간 입소할 경우 소득 및 등급에 따라 요양원 비용을 지급하고 신체활동 지원 등 서비스를 제공합니다.

둘째, 재가급여로, 가정을 방문해 신체활동 및 가사, 목욕, 간호 등을 지원하고, 하루 중 일정 시간 동안 수급자를 장기요양기관에서 보호하며, 복지용구의 구입 및 대여 서비스를 제공합니다.

셋째, 현금급여로, 장기요양 인프라가 부족한 가정, 천재지변, 신체나 정신 또는 성격 등 그 밖의 사유로 장기요양기관이 제공하는 장기요양 급여를 이용하기 어렵다고 인정하는 경우 가족요양비를 지급합니다.

## 2. 노인 빈곤을 완화하는 기초연금

노인을 위한 또 다른 제도로 노인장기요양보험과 함께 2008년에 도입한 '기초노령연금'이 있습니다. 이는 재산이 적은 노년층이 인간다운 삶을 영위할 수 있도록 도입한 복지제도로, 2014년 '기초연금'으로 대폭 개정했습니다.

기초연금은 소득인정액이 소득 하위 70%에 해당하는 만 65세 이상 노인이 수령할 수 있습니다. 하위 70%는 2020년 기준으로 단독가구는 월소득 148만 원, 부부가구는 월소득 236만 8천 원 이하에 해당합니다. 수급자에게는 소득에 따라 최대 25만 4,760원을 차등 지급합니다. 또한 소득 하위 40%에 해당하는 경우에는 저소득수급자로 선정되어 월 최대 30만 원까지 받을 수 있습니다.

기초연금과 혼동할 수 있는 연금으로 '노령연금'이 있습니다. 기초연금은 국민연금 가입 여부와 상관없이 만 65세 이상 어르신 중 소득인정액이 소득 하위 70%에 해당하는 분에게 지급합니다. 한편 노령연금은 국민연금 가입자가 지급연령(60세)에 도달했을 때 지급하는 연금입니다.

### 그림 6-2 복지서비스 모의계산 페이지

| 근로소득 | | 0 만 원/월 | 상시근로소득과 일용근로소득<br>· 상시근로소득: 3개월 이상 계속적으로 고용되어 월정액 급여를 지급 받는 자의 근로소득<br>· 일용근로소득: 3개월 미만, 건설공사 종사자, 하역(항만)작업 종사자는 제외<br>  *공공일자리 소득(노인일자리사업, 장애인일자리사업, 자활근로, 공공근로등)은 제외<br>· 상시근로자 소득 공제: 1인당 94만 원 공제 후 30% 추가 공제 |
|---|---|---|---|
| 사업소득 | | 0 만 원/월 | · 기타사업소득: 도매업·소매업, 제조업, 기타 사업에서 얻는 소득<br>· 임대소득 ⑦ |
| 재산소득 | | 0 만 원/월 | · 이자소득 ⑦, 연금소득 ⑦의 합 |
| 공적이전소득 | | 0 만 원/월 | 공적이전소득만 해당<br>· 공적이전소득: 각종 법령의 규정에 의해 정기적으로 지급되는 각종 수당·연금·급여·기타 금품(국민연금, 공무원연금, 군인연금, 사립학교교직원연금, 산재급여, 별정 우체국연금.<br>· 단, 일시금으로 받는 금품은 재산으로 산정 |
| 무료임차소득 | 지분율: 0 %<br>0 만 원 | | · 자녀소유의 주택에 거주 시 거주주택의 시가표준액을 입력(6억 이상만 해당)<br>· 자녀소유의 주택이 타인과 공동명의인 경우, 자녀의 지분율(%)를 입력 |

출처: 복지로 홈페이지.

기초연금 대상자 여부는 복지로 홈페이지의 복지서비스 모의 계산 페이지에서 간단한 소득 재산항목을 입력하면 확인할 수 있습니다. 신청은 복지로 홈페이지를 통해 온라인상에서 하거나, 주민센터에 방문하여 할 수 있습니다. 또한 보건복지 상담센터 (129번) 혹은 국민연금 상담센터(1355번)에 연락하는 방법도 있습니다.


## 3. 좋은 요양원과 요양병원 찾기

요양원과 요양병원은 노년기의 삶과 필수불가결한 곳입니다. 2019년 3월 기준 15만 6, 435명이 요양원을, 41만 930명이 방문요양서비스를 이용하고 있습니다.[2] 노년을 맞이하면 요양기관과 분리될 수 없는 삶을 살 가능성이 크지요. 따라서 이를 잘 선택하는 일은 매우 중요합니다.

우선, 요양원과 요양병원의 차이부터 살펴보아야 할 것입니다. 요양원은 노인요양시설(10인 이상)과 노인요양 공동생활가정(9인 이하)의 통칭으로, 생활시설의 일종입니다. 요양병원은 병원이라는 말에서도 알 수 있듯이, 의사가 상주하는 의료기관

---

2  〈한겨레〉, 2019. 5. 14.

입니다. 각자가 처한 상황에 따라 요양원에 들어갈 것인지, 요양병원에 들어갈 것인지를 먼저 선택해야 할 것입니다.

한편, 요양원에서 발생하는 노인학대 등의 사건에 대한 기사를 보면 요양원을 잘 고르는 것이 얼마나 중요한지 절감하게 됩니다. 당연한 말이겠지만, 요양원을 선택하려면 반드시 미리 방문해 보아야 합니다.

요양원 사전 방문 시에는 다음 사항들을 꼼꼼히 점검할 필요가 있습니다. [3]

## 비용

요양원 비용은 수도권은 통상 월 60만~80만 원 선이며, 1~3인실의 상급 병실은 더 비쌉니다.

## 냄새

놓치기 쉬운 점이지만 냄새를 반드시 확인해 보아야 합니다. 방에 들어갔을 때 퀴퀴한 소변 냄새가 난다면 문제가 있는 곳일 가능성이 큽니다. 기저귀를 제때 갈아 주지 않으면 이와 같은 냄새가 나기 때문입니다.

---

3    〈중앙일보〉, 2017. 12. 12.

## 채광 및 환기

햇빛이 방안으로 잘 들어오는지, 환기가 잘되는지 살펴보아야 합니다. 방 안이 밝고 바깥이 잘 보이는 곳에서 생활해야 노년기 우울증에 걸릴 위험이 적습니다.

## 식사 품질

식사 시간대에 방문하여 제공되는 식사의 품질을 직접 확인해 보아야 합니다.

## 온도 및 습도

혹서기 및 혹한기 야간의 적정한 온도와 습도는 노인의 건강 유지에 중요한 요소입니다.

## 요양보호사

요양보호사 1인당 담당하는 노인 수를 체크해야 합니다. 법적으로 요양보호사 1명이 2.5명의 입소자를 돌보게 되어 있으나, 지켜지지 않는 곳이 상당히 많습니다. 특히, 와상臥床 환자는 요양보호사 1인당 노인 수가 적은 곳을 찾아 입소해야 합니다. 요양보호사의 숫자는 와상환자의 욕창 관리와 직결되기 때문입니다. 욕창은 요양보호사가 환자의 자세를 자주 바꿔 주는 것만으로도 상당히 예방할 수 있습니다.

### 직원과 입소자의 분위기

요양보호사들을 비롯한 직원들이 얼마나 친절한지, 입소자들의 전반적 분위기는 어떠한지 잘 살펴보아야 합니다. 보통 시설의 수준으로 요양원에 대한 평가를 내리지만, 어떤 사람들에게 둘러싸여 생활하는지가 더 중요할 수 있습니다.

### 치매관리

치매환자는 더욱 세심하게 요양원을 살펴보아야 합니다. 치매환자를 위한 시설과 프로그램이 마련되었는지 주의 깊게 확인합니다. 또한 경증치매이고 건강상태가 양호하다면 요양원보다 주야간보호센터를 이용하는 것이 좋은 방법입니다. 시설 입소자들은 대부분 중증치매나 거동이 불편한 사람들이기 때문에 경증치매인 비교적 건강한 입소자는 오히려 스트레스를 받을 가능성이 큽니다. 이들은 낮에는 주야간보호센터에서 지내다가 저녁에 집으로 귀가하는 방식을 택하는 것이 좋습니다. [4]

### 국민건강보험공단 등급

국민건강보험공단에서는 2015년 전국의 요양원을 심사하여 A~E 등급으로 평가한 결과를 국민건강보험공단 노인장기요양보험

---

**4** 〈서울신문〉, 2020. 7. 8.

그림 6-3 장기요양기관 검색 서비스

출처: 국민건강보험공단 노인장기요양보험

홈페이지에 공개했습니다. 서비스나 프로그램에 따라 상세검색이 가능하므로 각자의 특성에 맞는 요양원을 찾는 데 유용합니다.

## 시설 및 서비스

이 밖에도 각자가 처한 상황에 따라 요양원의 시설과 서비스를 세심하게 살펴볼 필요가 있습니다. [5]

첫째, 욕창 및 치매치료에서 체계적 관리 시스템을 갖춘 요양

---

[5]  〈스포츠조선〉, 2019. 12. 18.

병원인지 알아봅니다. 둘째, 별도의 치매병동과 치매 합병증 관리 시스템을 갖추었는지 살펴봅니다. 셋째, 양한방 협진 치료가 가능한지, 넷째, 의료진이 상주하는지 확인합니다. 다섯째, 노인 환자가 안전하게 생활할 수 있는 시설을 갖추었는지 살펴봅니다. 여섯째, 시간마다 체위를 변경해 주는 등 세심한 케어를 받을 수 있는지 알아봅니다.

한 가지 덧붙이면, 앞서 설명한 노인장기요양보험 제도를 적극 활용할 필요가 있습니다. 장기요양등급을 받은 노인이 요양원에 입소하면, 정부는 소득과 등급에 따라 장기요양 급여의 80~100%를 지원하므로 이를 잘 활용하면 큰 도움이 될 것입니다.


## 4. 커뮤니티 케어, 독일로부터 배우다 [6]

요양원이나 요양병원에서 생의 마지막 시기를 보내는 것만이 노후생활의 해답은 아닙니다. 많은 사람들이 자신이 살아온 익숙한 곳에서 삶의 마지막을 보내고 싶어합니다. 세계 노인복지가 보편적으로 지향하는 것 역시 AIP, 즉 '평화 속에서 늙어가기' Aging in Peace 입니다.

---

**6**　〈복지타임즈〉, 〈프레시안〉, 〈경향신문〉 참조.

보건복지부의 '2017년도 노인 실태조사'를 살펴보면, 노인들의 절반 이상(57.6%)이 "거동이 불편해도 현재 살고 있는 집에서 계속 살고 싶다"고 응답했습니다. **7** 요양원이나 요양병원을 찾기 전에 주어진 환경에서 일상생활을 최대한 영위할 수 있는 방법을 강구하는 것이 바람직하다는 것이지요.

나이 들어 살던 곳에서 삶의 황혼기를 보내려면 커뮤니티 케어가 이루어져야 합니다. 커뮤니티 케어란 돌봄이 필요한 사람이 익숙한 지역에서 정든 사람들과 함께 편안하게 삶을 영위할 수 있도록 지원하는 지역사회의 서비스 체계를 말합니다. 즉, 생의 마지막까지 인간다운 삶을 보장해 주는 일종의 사회적 안전망이지요.

독일은 커뮤니티 케어의 모범국가로 손꼽힙니다. 독일에서는 지방자치행정 제도를 바탕으로 다양한 형태의 커뮤니티 케어 서비스를 지역사회에서 시행합니다. 이를 '지역사회 서비스'KSD: Kommunaler Sozialdiens라고 하는데, 정보, 상담, 자녀와의 갈등 중재, 채무자 상담, 질병 예방 및 보조, 돌봄 및 요양 지원, 사회 부조 지원 및 연결 등 다양한 서비스를 제공합니다. 노인들이 지역사회에서 일상생활을 영위하기 위해 필요한 각종 복지 혜택이 포함되어 있지요.

---

**7** 보건복지부, 2018. 5.

이처럼 폭넓은 사회 서비스를 제공하는 주체는 '비영리 자율복지단체'Freie Wohlfahrtsverbände입니다. 물론 주나 시에서 직접 운영하는 기관도 있지만, 비영리 자율복지단체가 커뮤니티 케어에서 중요한 역할을 합니다. 카리타스Caritas나 디아코니Diakonie, 독일적십자DRK 등이 대표적인 예입니다. 일반적으로 종교에 기반을 두거나 노동자와 같은 특정 대상의 복지를 추구하며 생겨난 조직들로, 민간단체이지만 영리를 추구하지 않습니다. 독일은 이 단체들을 중심으로, 모든 지역사회 구성원들이 적극 참여하는 커뮤니티 케어를 지향합니다.

우리나라는 2018년부터 보건복지부에서 '지역사회 통합돌봄'이라는 정책을 통해 커뮤니티 케어를 추진하고 있습니다. 2025년까지 커뮤니티 케어 제공 기반을 구축하는 것이 목표입니다. 주요 과제는 주거지원 인프라 확충, 방문건강 및 방문의료 실시, 재가돌봄 및 장기요양, 서비스 연계를 위한 지역 자율형 전달체계 구축 등 네 가지입니다. 전국 480여 개의 '재가노인지원 서비스센터'를 효율적으로 활용하는 것이 성공의 관건입니다.

이런 정책이 시행되는 것 자체는 고무적 현상입니다. 그러나 현재 우리나라의 커뮤니티 케어 모델은 비영리 자율복지단체 중심인 독일에 비해 지역사회 구성원들의 자발적 참여가 결여되어 있습니다. 따라서 지역주민이 커뮤니티 케어를 이끌어가도록 장려해야 합니다.

결국 시민의 인식 개선이 중요합니다. 노인 돌봄을 사적 영역에서 공적 영역으로 끌어옴으로써 이웃의 문제를 본인의 문제로 받아들이는 것이 커뮤니티 케어의 출발점입니다. 그래야 한국형 커뮤니티 케어인 지역사회 통합돌봄이 제 기능을 하며, 삶의 황혼기를 요양원이 아닌 지역사회에서 보낼 수 있게 될 것입니다.

그림 6-4  지역사회 통합돌봄 계획

출처: 보건복지부

## 5. 신기술과 간병: 효자 로봇의 탄생 8

"할머니, 일어나세요. 식사하셔야죠."

혼자 사는 할머니의 집에 아침부터 어린아이의 목소리가 들립니다. 할머니와 아이의 대화가 이어지며 웃음꽃이 핍니다. 다름 아닌 AI 로봇 '효돌'의 등장으로 나타난 새로운 풍경입니다. 삶의 황혼기에 접어든 노인에게 AI 로봇이라니 어울리지 않는 조합 같지만, 효돌은 독거노인들에게 큰 인기를 끌고 있습니다. 약 복용, 식사, 취침 시간 등을 알려 주고, 가족의 목소리를 실시간으로 전달할 뿐만 아니라 응급상황 발생 시 보호자에게 확인 메시지까지 보내 줍니다. 홀로 사는 노인에게 이보다 좋은 효자가 있을까요.

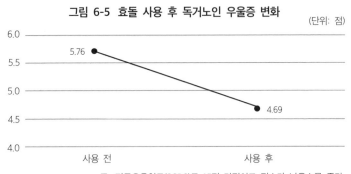

그림 6-5 효돌 사용 후 독거노인 우울증 변화

(단위: 점)

주: 평균우울척도(SGDS)로 15점 만점이고 점수가 낮을수록 좋다.
출처: 〈한국일보〉, 2019. 8. 31.

---

8    부모사랑 효돌 홈페이지.

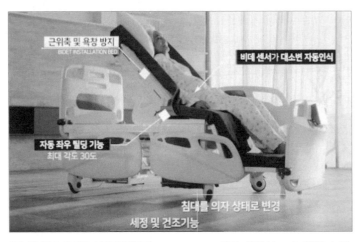

(주) 항상에서 출시한 스마트비데침대　　　　　출처: 〈SEN Money〉, 2020. 1. 29.

　노인을 위한 첨단기술, 즉 '제론테크놀로지'gerontechnology의 발전으로 노년기의 삶의 질이 크게 향상되고 있습니다. 제론테크놀로지의 산물은 효돌과 같은 AI 로봇 외에도 다양합니다.

　AI 스피커 한 대만 놓아도 외로운 어르신들에게 큰 도움이 됩니다. 일례로, SK텔레콤은 전국 사회연대경제 지방정부협의회와 손잡고 5개 지방자치단체의 혼자 사는 어르신 1,150명에게 AI 스피커 '누구'를 무상 제공한 뒤 2개월간 사용 패턴을 분석했습니다. 그 결과, 독거 어르신들이 감정을 나타내는 감성대화를 하는 비중(13.5%)이 일반인(4.1%)에 비해 3배 이상 높았습니다. 노인들이 AI 스피커를 사람과 같이 생각하고 이야기하기 때문입니다. 즉, AI 스피커가 그들의 외로움을 달래는 데 긍정적 역할을 수행하고 있음을 보여 줍니다.

용변을 볼 때마다 간병인의 도움이 필요한 와상환자들에게도 희소식이 있습니다. 스마트비데침대는 환자가 용변을 보고 싶을 때 리모컨 버튼을 누르면 침대가 세워져 편한 자세로 용변을 볼 수 있습니다.[9] 용변 처리를 도와주는 간병인에게 느끼는 수치심이나 만만치 않은 간병인 비용으로 고생하던 이들에게 이보다 좋은 기기는 없겠지요. 스마트비데침대는 또한 와상환자들의 또 다른 고충인 욕창을 예방할 수 있습니다. 간병인의 도움 없이도 리모컨으로 침대를 조종하여 자세를 바꾸는 것이 가능하기 때문입니다.

'의료용 욕창방지 침대' 역시 간단한 조작으로 침대를 상하좌우로 움직여서 자세를 자주 바꿔 줌으로써 욕창을 상당히 예방할 수 있습니다.[10]

기술의 발달은 단순히 더 많은 병을 치료하는 수준을 넘어, 노인들의 삶의 질을 전반적으로 향상시키고 있습니다. AI 로봇에서 스마트비데침대에 이르기까지, 다양한 기술을 활용하여 노후생활을 풍요롭고 안정적으로 영위하는 지혜가 필요합니다.

---

9     〈폴리뉴스〉, 2019. 12. 16.
10    Google Patents, 의료용 욕창방지 침대(백윤수·도남호 특허) 참조.

# 7장

# 지혜로운 유언과 상속

## 1. 상속설계: 삶을 마무리하는 계획

상속은 삶의 마무리 단계에서 반드시 거쳐야 하는 과정입니다. 학생이 진로를 설계하고 직장인이 노후생활을 설계하듯이, 삶의 마무리 단계에 이르러서는 상속을 설계해야 합니다. 제대로 계획하지 않은 상태에서 시작한 일이 잘 풀릴 수 없듯이, 상속설계가 충분히 이루어지지 않은 상황에서 죽음을 맞이하면 재산의 손실이 발생하거나 평생 소중히 가꾸어온 가족관계가 파탄날 수 있습니다. 즉, 상속은 단순히 '돈을 남기는 것' 이상의 의미가 있으며 남아 있는 상속인의 삶에 지대한 영향을 미칩니다.

따라서 '누구에게, 무엇을, 어떤 방식으로' 남기고 떠날 것인지 진지하게 고민하는 상속설계 과정이 필요합니다. 이 장에서는 삶의 마지막 순간이 오기 전에 반드시 해두어야 할 상속, 그리고 그와 밀접한 관련을 맺는 유언에 대해 알아보겠습니다.

금융자산 10억 원 이상의 개인을 대상으로 한 설문에서, 상속 및 증여 계획에 대해 "아직 생각해 본 적 없다"고 응답한 비율은 2017년 17.5%에서 2018년 24.4%로 증가했습니다.[1] 이처럼 우리나라에서 상속설계에 대한 인식은 여전히 부족합니다.

하지만 상속인의 삶에서 상속의 중요성과 세상을 떠난 뒤 피상속인의 명예를 고려할 때, 상속설계를 분명히 해두는 것이 좋습니다. 또한 우리나라의 총 상속 및 증여자산이 점점 증가하는 현실을 고려해도 상속설계는 반드시 필요합니다. 국세청의 〈국세통계연보〉에 따르면, 우리나라의 총 상속 및 증여자산은 2012년 20조 4천억여 원에서 2017년 35조 7천억여 원으로 가파른 증가세를 보였습니다. 이처럼 막대한 양의 재산이 상속 및 증여 형태로 후대로 전해 내려가는 상황에서, 상속설계가 충분히 되지 않으면 예상치 못한 분쟁이나 재산 손실이 생길 수 있습니다.

그렇다면 상속설계는 어디서부터 출발해야 하는 것일까요?

가장 기본적인 상속순위에서부터 시작해 보겠습니다. 상속인이 여러 명일 경우, 1순위는 직계비속과 배우자, 2순위 직계존속과 배우자, 3순위 형제자매, 4순위 4촌 이내의 방계혈족 순으

---

1     KB금융지주 경영연구소, 〈2018 한국 부자 보고서〉, 2018, 64쪽.

로 상속을 받게 됩니다. 상속순위에서 상속인이 없을 경우 특별 연고자에 의한 상속재산의 분여 청구가 인정됩니다. 즉, 사실혼 배우자, 사실상의 양자, 특별히 요양 간호한 자 등 특별한 연고 가 있는 사람의 청구로도 상속재산을 받을 수 있습니다. 또한 태 아는 이미 출생한 것으로 보고 상속순위를 정합니다.

상속순위를 알았다면, 이제 상속을 어떻게 할 것인지 설계해 야 할 것입니다. 상속설계의 핵심은 상속과 증여 가운데 어느 쪽 이 더 유리한지 따져 보는 것입니다.

우선, 상속재산이 10억 원이 넘지 않는다면 정부의 상속공제 제도의 도움을 받을 수 있으므로 크게 신경 쓸 일이 없습니다. 예를 들어, 피상속인이 사망하여 피상속인의 배우자와 자녀에게 상속이 이루어진 경우 최소한 10억 원(배우자 공제 5억 원 + 일괄 공제 5억 원)을 공제해 줍니다. 게다가 피상속인이 부담해야 할 부채가 있으면, 이것 또한 상속세 계산 시 공제해 줍니다. 따라 서 재산이 10억 원 미만인 사람은 상속세에 크게 신경 쓸 필요가 없습니다.

상속재산이 10억 원이 넘는다면 상속과 증여 중에서 유리한 쪽을 생각해 보아야 합니다. 증여세는 세율이 상속세와 같지만, 각종 공제금액이 상속세보다 더 적다는 것이 특징입니다. 따라 서 자녀에게 재산을 증여하기 전에, 상속과 증여 가운데 어느 쪽 이 더 유리한지 구체적으로 따져 볼 필요가 있습니다.

표 7-1  한국의 상속세율 (2019)

(단위: %)

| 과세표준 | 세율 | 누진공세 |
|---|---|---|
| 1억 원 이하 | 10 | 없음 |
| 1억 원 초과 ~ 5억 원 이하 | 20 | 1천만 원 |
| 5억 원 초과 ~ 10억 원 이하 | 30 | 6천만 원 |
| 10억 원 초과 ~ 30억 원 이하 | 40 | 1억 6천만 원 |
| 30억 원 초과 | 50 | 4억 6천만 원 |

또한 사망 직전에 재산을 자녀에게 미리 나눠 주는 것을 막기 위해 세법에서 사망 전 10년 이내에 증여하는 것을 모두 상속재산에 포함하도록 규정한다는 점도 감안해야 합니다.

미래에셋 은퇴연구소에서는 상속설계 시 유의점으로 금융자산보다 부동산 상속이 유리하다는 것, 자녀 증여는 빠를수록 유리하다는 것, 증여의 증거를 남겨 두어야 한다는 것 등을 꼽았습니다. 그 구체적 내용을 살펴보면 다음과 같습니다. [2]

## 금융자산보다 부동산 상속이 유리하다

금융자산은 그 전액이 상속세 과세대상 가액되지만, 부동산은 정부에서 정한 기준시가에 의해 상속재산을 평가하게 됩니다. 이런 기준시가를 토지의 경우 '공시지가'라고 합니다. 대략 시가의 80% 선에서 공시되며, 건물은 시가의 60% 선에서 고시되는

---

[2]    미래에셋 투자와 연금센터 홈페이지.

것이 일반적입니다. 따라서 같은 금액이면 금융자산보다 부동산을 자녀에게 물려주는 것이 상속세를 절약하는 방법입니다.

또 자금을 일부 차입하여 부동산을 구입한 후에 자녀에게 상속하면 차입금만큼을 상속세 과세대상 가액에서 공제하기 때문에 절세 효과가 더 커집니다.

## 자녀 증여는 빠를수록 유리하다

자녀에게 재산을 물려줄 생각이 있다면, 가급적 빨리 물려주는 것이 좋습니다. 예를 들어, 자녀가 부모에게 증여받는다면 우리나라 상속세법은 5천만 원까지는 증여세를 부과하지 않습니다. 따라서 만약 이보다 큰 금액을 물려줄 생각이라면, 미리미리 나누어 증여함으로써 증여세 문제를 피할 수 있습니다.

또한 자녀가 증여받은 자금으로 주식투자를 하거나 은행예금을 하여 운용수익이 생기면, 증여세를 내지 않고도 추가적 자금의 원천을 마련할 수 있습니다. 예컨대, 성인 자녀가 5천만 원을 증여받은 후 펀드투자를 통해 5년 후 1억 원으로 불렸다고 가정해 봅시다. 투자로 생긴 돈 1억 원은 이미 합법적 증여절차를 거친 돈이므로 자녀가 나중에 자유롭게 사용해도 전혀 문제가 없습니다. 따라서 자녀에게 돈을 물려줄 의사가 있다면 되도록 일찍 실행하는 것이 좋습니다.

## 증여의 증거를 남겨 두어야 한다

만약 자녀에게 재산을 증여했다면 반드시 증거를 남겨 두어야 합니다. 우리나라 세법에 따르면, 과거 10년 동안 법에서 정한 증여세의 친족공제 범위 내에서 증여가 이루어지면 증여세를 신고할 의무가 없습니다. 그러나 증거를 전혀 남겨 놓지 않으면 증여세의 면제 범위 내에서 증여가 있었다는 사실을 입증하기 어렵습니다. 특히 나중에 자금출처 제출을 요구받으면 이를 입증하기 어려워서 증여세를 과세당할 위험이 있습니다.

따라서 이러한 사실을 인정받으려면 증여세의 친족공제 범위액보다 약간 많은 금액을 증여한 뒤 초과분에 대해서는 증여세 신고를 통해 일단 증여세를 납부함으로써 어느 기간에 얼마만큼을 증여받았다는 사실을 남겨 놓는 것이 좋습니다.


## 2. 상속의 승인과 포기: 재산과 빚 사이에서

재산뿐만 아니라 빚 역시 상속됩니다. 빚이 재산보다 더 많다면 부모의 사망 후 자녀의 생계가 파탄 날 수 있습니다. 이러한 상황을 방지하기 위해, 상속법에서는 상속인의 의지로 상속을 승인 혹은 포기하는 것이 가능하도록 규정해 두었습니다.

우선 상속인의 의사표시 없이 3개월의 기간이 경과하면 단순

승인, 즉 피상속인의 권리 및 의무의 무제한적·무조건적 승계를 승인한 것으로 봅니다.

상속을 포기하려면, 상속개시가 있음을 안 날로부터 3개월 이내에 가정법원에 상속포기 신고를 해야 합니다. 그러면 피상속인의 재산에 대한 모든 권리와 의무의 승계를 부인하여 상속개시 당시부터 상속인이 아니었던 것과 같은 효력이 발생하도록 할 수 있습니다. 다만 이 경우에도 상속세 및 증여세법상 상속세 납부 의무는 있습니다.

'상속의 한정승인'을 택하는 것도 한 가지 방법입니다. 이는 상속재산보다 빚이 더 많을 경우 상속재산의 한도 내에서만 피상속인의 채무를 한정적으로 변제하는 것입니다. 상속의 한정승인을 받으려면 상속개시를 안 날로부터 3개월 이내에 상속재산의 목록을 첨부하여 상속개시지의 가정법원에 한정승인 신고를 해야 합니다.

또한 '채무자 회생 및 파산에 관한 법률'이라는 특별법에 의거하여, 상속재산의 파산신청을 할 수 있습니다. 한정승인과 큰 차이는 없으며, 절차는 대부분 일반적 파산 절차와 유사합니다.

유의점은 상속의 승인이나 포기는 조건부 혹은 기한부로 이루어질 수 없다는 것입니다. 상속을 승인하면 재산과 부채를 모두 상속받아야 하며, 상속을 포기하면 양쪽을 모두 포기해야 합니다. 상속의 승인이나 포기는 상속인이 상속이 개시되었음을 안 날로부터 3개월 안에 행사해야 하므로, 주어진 기간 내에 상속재산을 조사해야 합니다.


## 3. 기여분: 상속액은 효도에 비례한다

부모에게 효도할수록 더 많이 상속받을 수 있을까요? 그렇습니다. 상속법에는 기여분 제도가 있어 상당한 기간 동안 동거하고 간호하는 등 피상속인을 특별히 부양한 자가 있는 경우 고려 대상이 될 수 있습니다. 즉, 상속재산 중 '특별히 부양한' 효자에게 먼저 기여분을 떼어 준 뒤, 나머지를 상속인들에게 나눠 줄 수 있는 것이지요.

> **민법 제1008조의 2**
>
> 공동상속인 중에 상당한 기간 동거·간호, 그 밖의 방법으로 피상속인을 특별히 부양하거나 피상속인 재산의 유지 또는 증가에 특별히 기여한 자가 있을 때에는 상속개시 당시 피상속인의 재산가액에서 공동상속인의 협의로 정한 그자의 기여분을 공제한 것을 상속재산으로 보고 제1009조 및 제1010조에 의하여 산정한 상속분(법정 상속분)에 기여분을 가산한 액으로써 그자의 상속분으로 한다.

예를 들어, 부모가 두 자매에게 10억 원의 재산을 남기고 세상을 떠난 상황을 가정해 봅시다. 맏딸은 오랜 기간 동안 부모와 함께 살며 보살핀 반면, 둘째 딸은 왕래가 적었습니다. 그렇다면 맏딸에게 효도의 몫으로 일정 부분, 예컨대 50%에 해당하는 5억 원을 먼저 떼어 줄 수 있습니다. 남은 상속재산은 5억 원이며, 이것을 두 딸이 절반씩 나누어 갖습니다. 최종적으로 맏딸은 7억 5천만 원, 둘째 딸은 2억 5천만 원을 상속받게 됩니다.

위의 상황에서는 '효도의 지분'을 50%라고 설정했지만, 이 비율은 원칙적으로 상속인들 간 협의로 정해집니다. 여의치 않을 경우 가정법원에 기여분 결정 청구를 해야 합니다. 기여가 이루어진 시기, 방법, 정도, 재산액 등의 사항이 참작 대상이 됩니다.

기여분을 인정받기 위해 중요한 것은 통상의 기여가 아니라 특별기여가 있어야 한다는 것입니다. 자녀의 부모 부양의무를 당연시하는 풍토가 사라져감에 따라, 법원은 갈수록 특별기여의 범위를 넓게 인정하고 있습니다. 예를 들어, 과거에는 부모가 세상을 떠날 때까지 동거하며 간병한 것을 부모와 자식 간에 당연히 이행해야 하는 부양의무로 보고 기여분으로 인정하지 않았습니다. 그러나 최근에는 부모의 생활비나 병원비를 보탰다거나 주말과 휴일에 꾸준히 부모를 방문했다는 것만으로도 상당한 지분의 기여분을 인정하는 판례가 나오고 있습니다.

## 4. 유류분: 상속인 권리는 어떻게 지킬까?

내 손으로 일군 재산은 내 마음대로 유언하고 떠나도 되는 걸까요? 내 재산을 어떻게 처분할 것인지는 내가 결정할 수 있으므로 문제 될 것이 없지 않을까요?

아무리 내 마음대로 처분할 수 있는 내 재산이라 해도, 유가족의 생계도 고려하지 않은 채 전혀 상관없는 제3자에게 넘기는 것은 문제를 야기할 수 있습니다. 이런 사태를 방지하기 위해 법정 상속제도에서는 상속인들에게 일정 비율의 유류분을 보장하고 있습니다.

**민법 제1008조**

공동상속인 중에 피상속인으로부터 재산의 증여 또는 유증을 받은 자가 있는 경우에 그 수증재산이 자기의 상속분에 달하지 못한 때에는 그 부족한 부분의 한도에서 상속분이 있다.

유류분이란 법률에 따라 일정한 사람에게 돌아가도록 정해져 있는 상속분으로, 증여 또는 유증에 의해서도 침해받지 않습니다. 따라서 상속인이 피상속인의 유언 등으로 상속받아야 할 부분을 정당하게 받지 못했을 경우에는 본인의 몫을 찾기 위해 유류분 청구소송을 할 수 있습니다. 이때 유의점은 유류분 청구소

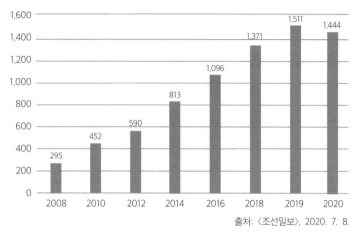

그림 7-1 유류분 반환청구 소송 건수 추이

출처: 〈조선일보〉, 2020. 7. 8.

송은 본인의 유류분이 침해되었다는 사실을 알게 된 일시로부터 1년 이내, 상속이 개시된 일시로부터 10년이 지나기 전에 해야 한다는 것입니다.

오늘날 황혼재혼이 증가함에 따라 재혼가정에서 유류분 관련 갈등이 계속 늘고 있습니다. 대법원에 따르면, 최근 10년 동안 유류분 반환청구 소송은 2008년 295건에서 2019년 1,511건으로 5배 넘게 증가했으며, 2020년 1,444건에 달했습니다. 유류분을 고려한 신중한 상속설계가 필요한 이유입니다. 재혼 시 혼전계약서를 작성하여 이혼 시 재산분할 등에 관한 사항을 규정함으로써 유류분을 둘러싼 갈등을 막는 방법도 있습니다.

## 5. 유언, 최선의 방법을 찾자

최근 롯데그룹의 후계 자리를 놓고 공방이 오갔습니다. 2020년 고인이 된 신격호 롯데 명예회장의 20년 전 유언장이 발견되었기 때문입니다. 2000년 3월 자필로 작성하여 일본 도쿄 사무실 금고에 보관해 놓았던 이 유언장에는 "한국과 일본 롯데그룹의 후계자를 신동빈 회장으로 한다"라고 적혀 있었습니다.

이를 두고 신동빈 롯데그룹 회장은 그룹 승계의 정당성을 주장했지만, 신동주 전 롯데홀딩스 부회장은 유언으로서 법적 효력이 없다고 반박했습니다. 20년 전에 작성된 유언장이라서 당시와 지금은 상황이 많이 다르며, 유언장과 별개로 2016년 신격호 회장이 후계자 관련 의사를 밝힌 바 있기 때문입니다.

이처럼 유언장은 유언자가 언제라도 변심하여 새롭게 작성하는 것이 가능하므로, 유언장의 위변조를 둘러싸고 사후에 분쟁이 일어날 가능성이 매우 큰 것이 현실입니다. 이에 은행이나 증권사 같은 공신력이 있는 기관을 수탁자로 하는 유언대용신탁을 선호하는 현상이 나타나고 있음은 앞서 말씀드린 바와 같습니다.

유언을 둘러싼 갈등은 재벌들에게만 일어나는 일이 아닙니다. 일부 자녀에게 전 재산을 물려주는 등 편파적 내용의 유언장은 유류분 소송의 직접적 원인이 되기 쉽습니다.

〈중앙일보〉가 최근 1년간 전국 법원에서 선고된 유언장 분쟁 관련 판결문 37건을 분석한 결과, 분쟁의 40.5%가 형제자매 간 불공평한 재산 분배로 생긴 것이었습니다.[3] 참고로 유류분 반환 청구 소송 접수 건수는 2005년 158건에서 2020년 1,444건으로 지속적으로 증가하고 있습니다.

그렇다면 유언은 어떤 형태로 남겨야 할까요? 의사표시 능력이 있는 만 17세 이상인 사람은 자필증서 유언, 녹음 유언, 공정증서 유언, 비밀증서 유언, 구수증서 유언 등 다양한 형태로 유언을 남길 수 있습니다.

유언을 잘 남기려면 먼저 관련 법령을 꼼꼼히 살펴볼 필요가 있습니다.

### 민법 제1066조 (자필증서에 의한 유언)

자필증서에 의한 유언은 유언자가 그 전문과 연월일, 주소, 성명을 자서하고 날인하여야 한다.

### 민법 제1067조 (녹음에 의한 유언)

유언자가 유언의 취지, 그 성명과 연월일을 구술하고 이에 참여한 증인이 유언의 정확함과 그 성명을 구술하여야 한다.

---

3    〈중앙일보〉, 2017. 6. 11.

## 민법 제1068조 (공정증서에 의한 유언)

유언자가 증인 2인이 참여한 공증인의 면전에서 유언의 취지를 구술하고 공증인이 이를 필기 낭독하여 유언자와 증인이 그 정확함을 승인한 후 각자 서명 또는 기명날인하여야 한다.

## 민법 제1069조 (비밀증서에 의한 유언)

유언자가 필자의 성명을 기입한 증서를 엄봉 날인하고, 이를 2인 이상 증인의 면전에 제출하여 자기의 유언서임을 표시한 후 그 봉서 표면에 제출 연월일을 기재하고 유언자와 공증인이 각자 서명 또는 기명날인하여야 한다. 이 유언 봉서는 그 표면에 기재된 날로부터 5일 내에 공증인 또는 법원서기에게 제출하여 그 봉인상에 확정일자인確定日字印을 받아야 한다.

## 민법 제1070조 (구수口授 증서에 의한 유언)

질병 및 기타 급박한 사유로 인하여 위의 네 가지의 방식에 의할 수 없는 경우에 유언자가 2인 이상 증인의 참여로 그 1인에게 유언의 취지를 구수하고 그 구수를 받은 자가 이를 필기 낭독하여 유언자의 증인이 정확함을 승인한 후 각자 서명 또는 기명날인하여야 한다. 이러한 방식에 의한 유언은 그 증인 또는 이해관계인이 급박한 사유의 종료한 날로부터 7일 내에 법원에 그 검증을 신청하여야 한다.

이와 같이 유언은 여러 가지 방법으로 남길 수 있습니다. 그렇다면 가장 좋은 방법은 무엇일까요? 많은 전문가들은 입을 모아

**표 7-2  유언공증 시 필요 서류**

| 유언자<br>(공증사무실 출석) | 증인<br>(2명, 공증사무실 출석) | 유언집행자 | 수증자 |
|---|---|---|---|
| • 신분증<br>• 인감도장,<br>　인감증명서<br>• 가족관계증명서<br>• 기본증명서<br>• 주민등록등본<br>• 후견등기사항<br>　부존재증명서 | • 신분증, 도장<br>• 가족관계증명서<br>• 기본증명서<br>• 후견등기사항<br>　부존재증명서 | • 가족관계증명서<br>• 후견등기사항<br>　부존재증명서<br>• (법인)등기부등본 | • 주민등록등본<br>• 기본증명서 |

주: 후견등기사항 부존재증명서는 가정법원에서 발급받는다.
출처: 한화생명 블로그.

공정증서 유언이 분쟁을 줄이는 최선의 방법이라고 조언합니다. 공증비용은 최대 300만 원가량으로 다소 부담스러울 수 있습니다. 그러나 변호사가 유언장을 작성해 주는 방식이므로, 사후에 발생 가능한 상속분쟁을 예측하고 대비할 수 있습니다. 또한 무효가 될 위험이 없는 방식이며, 별도의 검인 절차 없이 유언 공증증서에 따라 재산을 간편하게 이전할 수 있다는 장점이 있습니다.

　이 밖에도 유언의 실효성을 더 확실히 확보하려면 유언장 작성 이전부터 이후까지의 모습을 촬영하여 영상 파일로 보관해 두는 것이 좋습니다. 또한 어떤 형태로든 판단력이 건재한 상태에서 자유의지로 유언했다는 흔적을 많이 남겨 놓아야 합니다. [4]

---

**4**　〈중앙일보〉, 2018. 1. 27.

# 안심상속 원스톱 서비스
## (사망자 등 재산조회 서비스)

### 1. 개 요
- 한 번의 통합신청으로 사망자 및 피후견인 재산조회 결과를 문자, 우편 등으로 제공하는 서비스
- 정보가 제공되는 재산의 종류는 11종임
  - 지방세정보(체납액·고지세액·환급액)
  - 자동차정보(소유 내역)
  - 토지정보(소유 내역)
  - 국세정보(체납액·고지세액·환급액)
  - 금융거래 정보(은행·보험 등)
  - 국민연금 정보(가입 및 대여금 채무 유무)
  - 공무원연금 정보(가입 및 대여금 채무 유무)
  - 사학연금 정보(가입 및 대여금 채무 유무)
  - 군인연금 가입 유무
  - 건설근로자 퇴직공제금 정보(가입 유무)
  - 건축물 정보(소유 내역)

### 2. 신청 자격
- 민법상 1순위 상속인(직계비속 및 배우자)
- 1순위 상속인이 없는 경우 2순위 상속인(직계존속 및 배우자)
- 1, 2순위 상속인이 없는 경우 3순위 상속인(형제자매)이 신청 가능
- 대습상속인 · 실종선고를 받은 자의 상속인

### 3. 신청 기한
- 사망일이 속한 달의 말일부터 6개월 이내

### 4. 구비 서류
- 상속인이 신청할 경우 상속인 본인 신분증 지참
- 대리인이 신청할 경우 대리인 신분증, 상속인 위임장, 상속인 본인서명 사실확인서(또는 인감증명서) 지참
- 사망신고 이후 신청할 경우 가족관계증명서 제출

## 5. 방문 신청

가까운 구청이나 동주민센터에 방문하여 신청하는 방법

• 사망자 재산조회
  - 신청인(상속인) 신분증(주민등록증, 운전면허증, 여권) 확인:
    타 지역에서 사망접수 후 처리 완료 전일 경우,
    사망신고 시 제출했던 사망진단서 원본 1부 추가 제출
  - 대리신청: 대리인 신분증(주민등록증, 운전면허증, 여권),
    상속인 위임장, 상속인 본인서명 사실확인서(또는 인감증명서) 제출
  - 사망신고 이후 별도 신청: 가족관계증명서 제출
  - 3순위·대습상속인: 증명할 수 있는 서류 제출

• 피후견인 재산조회
  - 신청인(후견인) 신분증(주민등록증, 운전면허증, 여권) 확인
  - 대리신청: 대리인 신분증(주민등록증, 운전면허증, 여권), 후견인위임장,
    후견인 본인서명 사실확인서(또는 인감증명서)
  - 후견 등기사항 전부증명서 또는 성년(한정) 후견개시 심판문 및
    확정증명원 제출
  - 특히, 한정후견인의 경우 증명서(심판문)에 '안심상속(후견인) 원스톱
    서비스 조회' 문구 확인

## 6. 온라인 신청

정부 24 홈페이지 통해 온라인상에서 신청하는 방법

• 사망자 재산조회
  - 신청인(상속인) 공인인증서 등록
  - 통합신청서 및 구비서류(가족관계증명서) 제출
  - 구비서류 전자결제 수수료: 1,090원

• 피후견인 재산조회
  - 온라인 신청 불가, 방문 신청만 가능

# 8장

# 아름다운 마무리

## 1. '잊힐 권리'와 '디지털 유산'[1]

SNS Social Network Services는 현대인 삶의 일부라고 해도 과언이 아닙니다. 24억 명이 넘는 전 세계의 SNS 이용자들은 지금 이 순간에도 SNS에 수많은 글을 쓰고 사진을 올립니다. 그렇다면 나의 SNS 계정은 사후 어떻게 되는 걸까요? 매년 170만 명이 넘는 페이스북 Facebook 이용자들이 세상을 떠나고 있는 가운데, 50년 후에는 사망자 계정이 생존자 계정보다 많아질 것이라고 예상합니다.

이제 수많은 사람들이 남기는 '디지털 유산' 문제를 고민하고 해결책을 찾아야 할 때입니다.

---

1 〈아시아경제〉, 2018. 7. 17; 〈데일리 비즈온〉, 2019. 8. 6.

그림 8-1 페이스북의 기념계정 관리자 기능

출처: 페이스북.

## 추모 공간으로 활용하기

우선 추모 공간으로서 SNS 계정을 활용하는 방식을 생각해 볼
수 있습니다. 최근 SNS 운영사들 역시 이 방식에 주목하고 있습
니다. 페이스북은 페이스북 이용자가 세상을 떠난 후에 이용자
계정을 관리할 가족이나 친구를 선택하는 기념계정 관리자 기능
을 마련했습니다. 이용자가 사망 전에 누군가를 지정하면, 그 사
람이 사후에 추도식을 열거나 마지막 메시지를 공유하는 등 게시
물을 작성할 수 있도록 하는 제도입니다.

인스타그램Instagram도 유사한 기능을 개발했습니다. 이용자가 미리 설정할 수는 없지만, 가족이나 친구가 이용자의 사망을 증명하면 페이스북과 같이 기념계정으로 전환할 수 있고, 영구적 계정 삭제를 요청할 수도 있습니다. 다만 사생활 침해를 이유로 직계가족이나 법적 대리인도 고인 계정에 마음대로 접근할 수 없습니다.

## '잊힐 권리'를 위한 삭제 서비스

SNS 계정의 사후 처리를 돕는 서비스도 있습니다. 예컨대, 인터넷 기록물 저장기업 에버플랜스Everplans는 SNS 이용자의 사후 계정에 접근하여 기록물을 삭제해 주는 서비스를 제공합니다. 또한 데드소셜Dead Social은 SNS 이용자가 미리 작성한 유언을 바탕으로 사후 계정을 관리 혹은 삭제해 줍니다.

우리나라 방송통신위원회에서도 '잊힐 권리 연구반'이 출범한 적이 있습니다. 사망 여부와 관계없이, 자신과 관련된 온라인상의 모든 게시물을 없애고 싶을 경우 해당 데이터를 삭제할 수 있는 절차를 마련한 것이지요. 사망 시에는 직계가족이 사망증명서와 가족관계증명서를 포털이나 SNS 운영사에 제출하면 고인의 동의 없이도 기록물을 모두 삭제할 수 있습니다.

## 고인 계정을 둘러싼 법적 공방

유족이 고인의 SNS 계정에 접근할 수 있을까요? 이 문제를 둘러싸고 법적 문제가 발생하기도 합니다.

예를 들어, 2012년 독일에서 사고로 딸을 잃은 부모가 딸의 페이스북 계정에 로그인할 수 있게 해 달라고 페이스북에 요청한 일이 있습니다. 페이스북은 이를 거절했고, 유족은 소송을 제기했습니다. 1심 재판부는 유족의 편을 들어주었으나 2심에서 뒤집혔고, 2018년 최고법원 판결에서는 결국 유족이 승소했습니다. 책과 편지 등의 상속과 디지털 콘텐츠의 상속을 다르게 해석할 이유가 없다고 판단한 것입니다.

우리나라는 어떨까요? 2010년 천안함 사건 희생자 유족의 사례를 살펴보겠습니다. 천안함 사건 때 장병이던 아들을 잃은 부모는 SNS에 접근할 수 있게 해달라고 요청했지만 법적 판단을 할 근거가 없다는 이유로 거절되었습니다. 현재 우리나라에서는 제3자에게 고인이 남긴 디지털 콘텐츠를 삭제할 권리는 주지만, 로그인하여 관리 및 보존할 권리는 주지 않습니다.

최근에는 디지털 유산을 상속할 수 있도록 법적 장치를 마련해야 한다는 주장도 제기되고 있습니다. 예컨대, 18대 국회에서는 제3자가 디지털 유산을 접근할 수 있도록 하는 정보통신망법 개정안이 제출되었다가 폐기된 바 있습니다.

나의 SNS 계정은 세상을 떠나는 순간 다른 재산과 같이 디지털 유산이 됩니다. 아름다운 삶의 마무리를 위해 이를 어떻게 남기고 떠날 것인지 한 번쯤 생각해 보아야 할 것입니다.

## 2. 위대한 유산, 자서전 쓰기

상속은 반드시 재산만 물려주는 것일까요? 내가 세상을 떠나며 남기는 것이 재산뿐이라면 공허감이 밀려올 것입니다. 이러한 공허감에서 벗어나는 방법은 내가 살았던 삶, 내가 했던 생각을 기록으로 남기는 것입니다. 자서전을 쓰면서 내가 어떤 사람이었는지, '돈 버는 사람' 외의 모습을 되돌아볼 수 있습니다. 또한 그 기록을 후대에 전함으로써 재산의 상속을 넘어 진정한 의미의 '인생의 상속'을 완성할 수 있습니다.

거창하게 포장하지 않더라도, 자서전을 쓰는 것은 심리치료의 관점에서도 노인에게 큰 도움이 됩니다. 특히, 오랜 기간 동안 삶을 살아온 다른 노인들과 함께 경험을 나누며 자서전을 쓴다면 효과를 극대화할 수 있습니다. 집단 자서전 쓰기가 노인의 생활 만족도 향상과 무망감無望感 해소에 긍정적 영향을 준다는 사실을 밝혀낸 연구는 이를 잘 보여줍니다. [2]

그렇다면 내 인생의 기록은 어떻게 남길 수 있을까요?[3] 지방자

**표 8-1 자서전 형식 예시**

| 나의 이야기 | 주변 사람들 이야기 |
|---|---|
| • 나는 누구인가?<br>  (나의 정체성과 취향)<br>• 나의 유년기 (1~7세)<br>• 나의 소년기 (8~17세)<br>• 나의 청년기 (18~30세)<br>• 나의 장년기 (31~59세)<br>• 나의 노년기 (지금의 나) | • 나의 배우자<br>• 나의 형제자매<br>• 나의 자녀<br>• 나의 친구<br>• 나의 부모 |

출처: 〈주간경향〉, 2014. 5. 13.

치단체와 각종 교육기관을 중심으로 자서전 쓰기 강좌가 늘어나고, 자서전 출판이 이미 실버산업의 하나로 자리 잡은 오늘날, 자서전을 펴내는 것은 생각보다 어려운 일이 아닙니다.

글 쓰는 것이 부담스럽다면 구술자서전을 생각해 볼 수 있습니다. 예컨대, 노동조합 '노년 유니온'은 노인층을 대상으로 집단 구술자서전 편찬작업을 진행하고 있습니다. 즉, 노인이 인생 이야기를 털어놓을 수 있는 이에게 구술로 자신의 인생사를 이야기하면, 듣는 이가 대신 기록하는 방식이지요. 이처럼 다양한 방식을 활용하면 적은 시간과 비용을 들여 누구나 자신만의 자서전을 쓸 수 있습니다.

---

**2**   윤혜정 · 이재모, "노인의 집단자서전 쓰기 프로그램이 자아존중감, 생활만족도, 우울, 무망감에 미치는 효과", 〈한국균형발전연구〉, 2012년, 3권 3호, 29~51쪽.

**3**   〈주간경향〉, 2014. 5. 13.

많은 사람들이 자서전을 쓸 때 생애를 처음부터 끝까지 연대기 순으로 전부 기록하는 방식을 생각합니다. 그러나 형식과 내용은 자유롭게 선택할 수 있습니다. 20대가 특별히 기억에 남는다면 20대 위주로 쓸 수 있고, 삶에 큰 영향을 준 이들의 추억을 되새기고 싶다면 주변 사람들 중심으로 쓸 수도 있습니다. 중요한 것은 기록을 남기는 것, 그리고 그 기록을 사람들에게 나누어 줌으로써 돈을 넘어선 가치를 세상에 남기는 것입니다. 다시 한 번 강조하지만, 상속이 '재산을 전달하는 것'뿐이라면 우리의 인생은 얼마나 허망하겠습니까?

## 3. 나의 소중한 반려동물 위한 상속[4]

2020년 기준으로 우리나라의 반려동물 양육 가구는 638만여 가구에 달하였습니다. 가구당 평균 가구원 수가 2.24명이므로, 반려동물 양육 인구는 1,530만여 명에 이를 정도로 많습니다.[5] 이제 반려동물에 대한 상속 문제를 진지하게 고민해 보아야 하는 세상이 도래한 것입니다.

그렇다면 소중한 나의 반려동물에게 유산을 남길 수 있을까요?

---

4 최재천, 《최재천 변호사의 상속설계》, 폴리테이아, 2018, 178~181쪽.
5 〈데일리벳〉, 2021. 4. 27.

미국 헴슬리 호텔의 소유주 레오나 헴슬리Leona Helmsley는 2007년 세상을 떠나며 자신의 반려견에게 1,200만 달러를 남겼습니다. 각각 1천만 달러씩 받은 남동생과 두 손자보다 많은 액수의 유산을 상속한 것입니다. 법적 자연인이 아닌 반려동물에게 어떻게 상속이 가능했을까요?

기본적으로 동물은 자신의 명의로 유산을 상속받을 수 없습니다. 그러나 위의 사례에서 확인할 수 있듯이, 내가 죽은 뒤 돌봐줄 사람이 없을 때 반려동물이 버려지지 않고 삶을 영위할 수 있도록 하는 방법이 있습니다.

우선, 미국은 거의 대부분의 주에서 반려동물 상속신탁이 신탁법의 하나로 법제화되어 있습니다. 생전에는 재산을, 사후에는 유산을 신탁회사에 신탁하고 수익자로 반려동물을 관리해 줄 사람을 지정하는 방식입니다. 그러면 수익자가 그 돈을 받아서 반려동물을 관리하도록 할 수 있습니다. 즉, 반려동물의 상속이 신탁계약의 하나로 이루어지는 것입니다.

우리나라에서는 KB국민은행이 '펫신탁'을 출시했습니다. 펫신탁은 고객(위탁자)이 은행에 자산을 맡기고, 본인 사후에 반려동물을 돌봐 줄 부양자(수익자)를 미리 지정하는 방식입니다. 그러면 은행은 고객 사망 후 반려동물의 보호 및 관리에 필요한 자금을 부양자에게 지급하여 반려동물을 돌보도록 합니다. 금융신탁 과정과 완전히 동일하다고 볼 수 있습니다.

반려동물을 돌봐 주는 조건으로 가족 이외의 제3자에게 유산을 남기는 방법도 생각해 볼 수 있습니다. 유언장에 반려동물 돌봄 의무를 명시하는 것인데, 이때 중요한 것은 조건을 명확히 제시해야 한다는 것입니다. 유산을 어떻게 관리할 것이며 반려동물을 위해 어떻게 사용할 것인지 등의 사항에 관한 구체적 조건을 상세히 명시하여 상속인의 동의를 받아 둘 필요가 있습니다.

## 4. 유산기부, 건강할 때 현명하게 결정하자[6]

길게 설명할 필요 없이, 유산을 기부하는 것은 인생을 마무리하는 뜻깊은 방법이 될 수 있습니다. 어디에, 무엇을, 얼마나 기부할 것인지는 기부자의 가치관에 따라 천차만별이므로 어떤 기준을 제시하기 어렵습니다. 다만 한 가지 덧붙이면, 유산을 기부할 예정이라면 건강할 때 기부하는 것을 고려해 보라는 것입니다.

건강할 때 유산을 기부하라니, 유산은 죽을 때 남기고 떠나는 재산을 뜻하는데 의아하게 들릴지도 모르겠습니다. 그러나 죽기 직전 병상에 누워 "남은 돈은 어디에 쓰라"고 말하는 것보다, 또렷한 의식을 가지고 의사결정을 할 수 있을 때 유산을 미리 기부

---

**6**  〈조선일보〉, 2017. 4. 24.

한다면 어떨까요? 특히 고령이 되면 의도치 않게 건강상태가 급변할 수 있기 때문에, 노년기에 접어들기 전에 유산기부 계획을 세워 놓는 것이 바람직합니다.

장년기 유산기부자의 대표적 사례로, 김영걸 카이스트 경영대학원 교수를 꼽을 수 있습니다. 그는 2017년 58세의 나이에 유산 1억 원을 기부하여 기아대책 유산기부자들의 모임인 '헤리티지 클럽'의 네 번째 기부자가 되었습니다.

유산기부를 미리 약정해 두면, 노년기에 갑작스러운 죽음을 맞이하거나 치매에 걸려 유산에 대한 의사결정을 제대로 할 수 없는 상황이 닥쳤을 때 큰 도움이 될 수 있습니다. 유산기부 약정은 유산기부약정서를 작성하고, 유산상속 예정자인 자녀 혹은 자녀 대표 한 명이 서명하면 완료됩니다. 당장 돈이 나가는 것이 아니라, 사후에 약정서에 명시한 만큼의 유산을 기부하는 것이지요.

사회의 의미 있는 일을 위해 유산을 기부하고 싶다면 건강할 때 유산기부약정서를 작성해 둘 것을 권합니다. 죽음에 대한 이야기라고 꺼리지 말고, 현명한 사회적 기여를 위해 건강할 때 기부처를 미리 알아보고 약정서를 써 두는 것은 어떨까요?

적선지가 필유여경積善之家 必有餘慶, 즉 착한 일을 많이 하면 후손들에게까지 복이 미친다고 했습니다. 착하고 아름답게 사시길 축원드립니다. 감사합니다.

# 부록

# 성년후견 관련 개정 민법

**법률 제11300호, 일부개정 2012. 2. 10, 시행 2013. 7. 1.**

제4조 (성년)

사람은 19세로 성년에 이르게 된다.

제9조 (성년후견 개시의 심판)

1. 가정법원은 질병, 장애, 노령, 그 밖의 사유로 인한 정신적 제약으로 사무를 처리할 능력이 지속적으로 결여된 사람에 대하여 본인, 배우자, 4촌 이내의 친족, 미성년후견인, 미성년후견감독인, 한정후견인, 한정후견감독인, 특정후견인, 특정후견감독인, 검사 또는 지방자치단체의 장의 청구에 의하여 성년후견 개시의 심판을 한다.
2. 가정법원은 성년후견 개시의 심판을 할 때 본인의 의사를 고려하여야 한다.

제10조 (피성년후견인의 행위와 취소)

1. 피성년후견인의 법률행위는 취소할 수 있다.
2. 제1항에도 불구하고 가정법원은 취소할 수 없는 피성년후견인의 법률행위의 범위를 정할 수 있다.
3. 가정법원은 본인, 배우자, 4촌 이내의 친족, 성년후견인, 성년후견감독인, 검사 또는 지방자치단체의 장의 청구에 의하여 제2항의 범위를 변경할 수 있다.

4. 제1항에도 불구하고 일용품의 구입 등 일상생활에 필요하고 그 대
   가가 과도하지 아니한 법률행위는 성년후견인이 취소할 수 없다.

제11조 (성년후견 종료의 심판)
성년후견 개시의 원인이 소멸된 경우에는 가정법원은 본인, 배우자, 4촌
이내의 친족, 성년후견인, 성년후견감독인, 검사 또는 지방자치단체의
장의 청구에 의하여 성년후견 종료의 심판을 한다.

제12조 (한정후견 개시의 심판)
1. 가정법원은 질병, 장애, 노령, 그 밖의 사유로 인한 정신적 제약으
   로 사무를 처리할 능력이 부족한 사람에 대하여 본인, 배우자, 4촌
   이내의 친족, 미성년후견인, 미성년후견감독인, 성년후견인, 성년
   후견감독인, 특정후견인, 특정후견감독인, 검사 또는 지방자치단
   체의 장의 청구에 의하여 한정후견 개시의 심판을 한다.
2. 한정후견 개시의 경우에 제9조 제2항을 준용한다.

제13조 (피한정후견인의 행위와 동의)
1. 가정법원은 피한정후견인이 한정후견인의 동의를 받아야 하는 행위
   의 범위를 정할 수 있다.
2. 가정법원은 본인, 배우자, 4촌 이내의 친족, 한정후견인, 한정후견
   감독인, 검사 또는 지방자치단체의 장의 청구에 의하여 제1항에 따
   른 한정후견인의 동의를 받아야만 할 수 있는 행위의 범위를 변경할
   수 있다.
3. 한정후견인의 동의를 필요로 하는 행위에 대하여 한정후견인이 피한
   정후견인의 이익이 침해될 염려가 있음에도 그 동의를 하지 않는 때
   에는 가정법원은 피한정후견인의 청구에 의하여 한정후견인의 동의
   를 갈음하는 허가를 할 수 있다.
4. 한정후견인의 동의가 필요한 법률행위를 피한정후견인이 한정후견
   인의 동의 없이 하였을 때에는 그 법률행위를 취소할 수 있다. 다

만, 일용품의 구입 등 일상생활에 필요하고 그 대가가 과도하지 아
니한 법률행위에 대해서는 그러하지 아니하다.

제14조 (한정후견 종료의 심판)
한정후견 개시의 원인이 소멸된 경우에는 가정법원은 본인, 배우자, 4촌
이내의 친족, 한정후견인, 한정후견감독인, 검사 또는 지방자치단체의
장의 청구에 의하여 한정후견 종료의 심판을 한다.

제14조의 2 (특정후견의 심판)
1. 가정법원은 질병, 장애, 노령, 그 밖의 사유로 인한 정신적 제약으
   로 일시적 후원 또는 특정한 사무에 관한 후원이 필요한 사람에 대
   하여 본인, 배우자, 4촌 이내의 친족, 미성년후견인, 미성년후견감
   독인, 검사 또는 지방자치단체의 장의 청구에 의하여 특정후견의 심
   판을 한다.
2. 특정후견은 본인의 의사에 반하여 할 수 없다.
3. 특정후견의 심판을 하는 경우에는 특정후견의 기간 또는 사무의 범
   위를 정하여야 한다.

제14조의 3 (심판 사이의 관계)
1. 가정법원이 피한정후견인 또는 피특정후견인에 대하여 성년후견 개
   시의 심판을 할 때에는 종전의 한정후견 또는 특정후견의 종료 심판
   을 한다.
2. 가정법원이 피성년후견인 또는 피특정후견인에 대하여 한정후견 개
   시의 심판을 할 때에는 종전의 성년후견 또는 특정후견의 종료 심판
   을 한다.

제15조 (제한능력자의 상대방의 확답을 촉구할 권리)
1. 제한능력자의 상대방은 제한능력자가 능력자가 된 후에 그에게 1개
   월 이상의 기간을 정하여 그 취소할 수 있는 행위를 추인할 것인지
   여부의 확답을 촉구할 수 있다. 능력자로 된 사람이 그 기간 내에 확

답을 발송하지 아니하면 그 행위를 추인한 것으로 본다.

2. 제한능력자가 아직 능력자가 되지 못한 경우에는 그의 법정대리인에게 제1항의 촉구를 할 수 있고, 법정대리인이 그 정해진 기간 내에 확답을 발송하지 아니한 경우에는 그 행위를 추인한 것으로 본다.
3. 특별한 절차가 필요한 행위는 그 정해진 기간 내에 그 절차를 밟은 확답을 발송하지 아니하면 취소한 것으로 본다.

제16조 (제한능력자의 상대방의 철회권과 거절권)

1. 제한능력자가 맺은 계약은 추인이 있을 때까지 상대방이 그 의사표시를 철회할 수 있다. 다만, 상대방이 계약 당시에 제한능력자임을 알았을 경우에는 그러하지 아니하다.
2. 제한능력자의 단독행위는 추인이 있을 때까지 상대방이 거절할 수 있다.
3. 제1항의 철회나 제2항의 거절의 의사표시는 제한능력자에게도 할 수 있다.

제17조 (제한능력자의 속임수)

1. 제한능력자가 속임수로써 자기를 능력자로 믿게 한 경우에는 그 행위를 취소할 수 없다.
2. 미성년자나 피한정후견인이 속임수로써 법정대리인의 동의가 있는 것으로 믿게 한 경우에도 제1항과 같다.

제111조 (의사표시의 효력발생시기)

1. 상대방이 있는 의사표시는 상대방에게 도달한 때에 그 효력이 생긴다.
2. 의사표시자가 그 통지를 발송한 후 사망하거나 제한능력자가 되어도 의사표시의 효력에 영향을 미치지 아니한다.

제112조 (제한능력자에 대한 의사표시의 효력)

의사표시의 상대방이 의사표시를 받은 때에 제한능력자인 경우에는 의사표시자는 그 의사표시로써 대항할 수 없다. 다만, 그 상대방의 법정

대리인이 의사표시가 도달한 사실을 안 후에는 그러하지 아니하다.

## 제127조 (대리권의 소멸사유)

대리권은 다음 각호의 어느 하나에 해당하는 사유가 있으면 소멸된다.

1. 본인의 사망
2. 대리인의 사망, 성년후견의 개시 또는 파산

## 제135조 (상대방에 대한 무권대리인의 책임)

1. 다른 자의 대리인으로서 계약을 맺은 자가 그 대리권을 증명하지 못하고 또 본인의 추인을 받지 못한 경우에는 그는 상대방의 선택에 따라 계약을 이행할 책임 또는 손해를 배상할 책임이 있다.
2. 대리인으로서 계약을 맺은 자에게 대리권이 없다는 사실을 상대방이 알았거나 알 수 있었을 때 또는 대리인으로서 계약을 맺은 사람이 제한능력자일 때에는 제1항을 적용하지 아니한다.

## 제140조 (법률행위의 취소권자)

취소할 수 있는 법률행위는 제한능력자, 착오로 인하거나 사기·강박에 의하여 의사표시를 한 자, 그의 대리인 또는 승계인만이 취소할 수 있다.

## 제141조 (취소의 효과)

취소된 법률행위는 처음부터 무효인 것으로 본다. 다만, 제한능력자는 그 행위로 인하여 받은 이익이 현존하는 한도에서 상환할 책임이 있다.

## 제144조 (추인의 요건)

1. 추인은 취소의 원인이 소멸된 후에 하여야만 효력이 있다.
2. 제1항은 법정대리인 또는 후견인이 추인하는 경우에는 적용하지 아니한다.

## 제179조 (제한능력자의 시효정지)

소멸시효의 기간만료 전 6개월 내에 제한능력자에게 법정대리인이 없는 경우에는 그가 능력자가 되거나 법정대리인이 취임한 때부터 6개월 내에는 시효가 완성되지 아니한다.

제180조 (재산관리자에 대한 제한능력자의 권리, 부부 사이의 권리와 시효정지)

1. 재산을 관리하는 아버지, 어머니 또는 후견인에 대한 제한능력자의 권리는 그가 능력자가 되거나 후임 법정대리인이 취임한 때부터 6개월 내에는 소멸시효가 완성되지 아니한다.
2. 부부 중 한쪽이 다른 쪽에 대하여 가지는 권리는 혼인관계가 종료된 때부터 6개월 내에는 소멸시효가 완성되지 아니한다.

제690조 (사망 · 파산 등과 위임의 종료)

위임은 당사자 한쪽의 사망이나 파산으로 종료된다. 수임인이 성년후견 개시의 심판을 받은 경우에도 이와 같다.

제717조 (비임의탈퇴)

제716조의 경우 외에 조합원은 다음 각호의 어느 하나에 해당하는 사유가 있으면 탈퇴된다.

1. 사망
2. 파산
3. 성년후견의 개시
4. 제명除名

제755조 (감독자의 책임)

1. 다른 자에게 손해를 가한 사람이 제753조 또는 제754조에 따라 책임이 없는 경우에는 그를 감독할 법정의무가 있는 자가 그의 손해를 배상할 책임이 있다. 다만, 감독의무를 게을리하지 아니한 경우에는 그러하지 아니하다.
2. 감독의무자를 갈음하여 제753조 또는 제754조에 따라 책임이 없는 사람을 감독하는 자도 제1항의 책임이 있다.

제801조 (약혼연령)

18세가 된 사람은 부모나 미성년후견인의 동의를 받아 약혼할 수 있다. 이 경우 제808조를 준용한다.

제802조 (성년후견과 약혼)

피성년후견인은 부모나 성년후견인의 동의를 받아 약혼할 수 있다. 이 경우 제808조를 준용한다.

제804조 (약혼해제의 사유)

당사자 한쪽에 다음 각호의 어느 하나에 해당하는 사유가 있는 경우에는 상대방은 약혼을 해제할 수 있다.

1. 약혼 후 자격정지 이상의 형을 선고받은 경우
2. 약혼 후 성년후견 개시나 한정후견 개시의 심판을 받은 경우
3. 성병, 불치의 정신병, 그 밖의 불치의 병질病疾이 있는 경우
4. 약혼 후 다른 사람과 약혼이나 혼인을 한 경우
5. 약혼 후 다른 사람과 간음姦淫한 경우
6. 약혼 후 1년 이상 생사生死가 불명한 경우
7. 정당한 이유 없이 혼인을 거절하거나 그 시기를 늦추는 경우
8. 그 밖에 중대한 사유가 있는 경우

제808조 (동의가 필요한 혼인)

1. 미성년자가 혼인을 하는 경우에는 부모의 동의를 받아야 하며, 부모 중 한쪽이 동의권을 행사할 수 없을 때에는 다른 한쪽의 동의를 받아야 하고, 부모가 모두 동의권을 행사할 수 없을 때에는 미성년후견인의 동의를 받아야 한다.
2. 피성년후견인은 부모나 성년후견인의 동의를 받아 혼인할 수 있다.

제819조 (동의 없는 혼인의 취소청구권의 소멸)

제808조를 위반한 혼인은 그 당사자가 19세가 된 후 또는 성년후견 종료의 심판이 있은 후 3개월이 지나거나 혼인 중에 임신한 경우에는 그

취소를 청구하지 못한다.

### 제835조 (성년후견과 협의이혼)
피성년후견인의 협의이혼에 관하여는 제808조 제2항을 준용한다.

### 제848조 (성년후견과 친생부인의 소)
1. 남편이나 아내가 피성년후견인인 경우에는 그의 성년후견인이 성년후견감독인의 동의를 받아 친생부인의 소를 제기할 수 있다. 성년후견감독인이 없거나 동의할 수 없을 때에는 가정법원에 그 동의를 갈음하는 허가를 청구할 수 있다.
2. 제1항의 경우 성년후견인이 친생부인의 소를 제기하지 아니하는 경우에는 피성년후견인은 성년후견 종료의 심판이 있은 날부터 2년 내에 친생부인의 소를 제기할 수 있다.

### 제856조 (피성년후견인의 인지)
아버지가 피성년후견인인 경우에는 성년후견인의 동의를 받아 인지할 수 있다.

### 제869조 (15세 미만 자의 입양승낙)
양자養子가 될 사람이 15세 미만인 경우에는 법정대리인이 그를 갈음하여 입양의 승낙을 한다. 다만, 미성년후견인이 입양을 승낙하는 경우에는 가정법원의 허가를 받아야 한다.

### 제871조 (미성년자입양의 동의)
양자가 될 사람이 미성년인 경우 부모나 다른 직계존속이 없으면 미성년후견인의 동의를 받아야 한다. 다만, 미성년후견인이 동의를 하는 경우에는 가정법원의 허가를 받아야 한다.

### 제873조 (피성년후견인의 입양)
피성년후견인은 성년후견인의 동의를 받아 입양을 할 수 있고 양자가 될 수 있다.

제887조 (입양취소청구권자)

입양이 제872조를 위반한 경우에는 피후견인, 친족 또는 후견감독인이 그 취소를 청구할 수 있고, 제873조를 위반한 경우에는 피성년후견인이나 성년후견인이 그 취소를 청구할 수 있다.

제893조 (입양취소청구권의 소멸)

제873조를 위반한 입양은 성년후견 개시의 심판이 취소된 후 3개월이 지난 때에는 그 취소를 청구하지 못한다.

제899조 (15세 미만 자의 협의파양)

1. 양자가 15세 미만인 경우에는 제869조에 따라 입양을 승낙한 사람이 양자를 갈음하여 파양의 협의를 하여야 한다. 다만, 입양을 승낙한 사람이 사망하거나 그 밖의 사유로 협의를 할 수 없을 때에는 생가生家의 다른 직계존속이 이를 하여야 한다.
2. 제1항에 따른 협의를 미성년후견인이나 생가의 다른 직계존속이 하는 경우에는 가정법원의 허가를 받아야 한다.

제902조 (피성년후견인의 협의파양)

양친이나 양자가 피성년후견인인 경우에는 성년후견인의 동의를 받아 파양의 협의를 할 수 있다.


## 제1절 미성년후견과 성년후견

### 제1관 후견인

제928조 (미성년자에 대한 후견의 개시)

미성년자에게 친권자가 없거나 친권자가 법률행위의 대리권과 재산관리권을 행사할 수 없는 경우에는 미성년후견인을 두어야 한다.

제929조 (성년후견심판에 의한 후견의 개시)

가정법원의 성년후견 개시 심판이 있는 경우에는 그 심판을 받은 사람의 성년후견인을 두어야 한다.

제930조 (후견인의 수와 자격)
1. 미성년후견인의 수는 한 명으로 한다.
2. 성년후견인은 피성년후견인의 신상과 재산에 관한 모든 사정을 고려하여 여러 명을 둘 수 있다.
3. 법인도 성년후견인이 될 수 있다.

제932조 (미성년후견인의 선임)
1. 가정법원은 제931조에 따라 지정된 미성년후견인이 없는 경우에는 직권으로 또는 미성년자, 친족, 이해관계인, 검사, 지방자치단체의 장의 청구에 의하여 미성년후견인을 선임한다. 미성년후견인이 없게 된 경우에도 또한 같다.
2. 가정법원은 친권상실의 선고나 대리권 및 재산관리권 상실의 선고에 따라 미성년후견인을 선임할 필요가 있는 경우에는 직권으로 미성년후견인을 선임한다.
3. 친권자가 대리권 및 재산관리권을 사퇴한 경우에는 지체 없이 가정법원에 미성년후견인의 선임을 청구하여야 한다.

제936조 (성년후견인의 선임)
1. 제929조에 따른 성년후견인은 가정법원이 직권으로 선임한다.
2. 가정법원은 성년후견인이 사망, 결격, 그 밖의 사유로 없게 된 경우에도 직권으로 또는 피성년후견인, 친족, 이해관계인, 검사, 지방자치단체의 장의 청구에 의하여 성년후견인을 선임한다.
3. 가정법원은 성년후견인이 선임된 경우에도 필요하다고 인정하면 직권으로 또는 제2항의 청구권자나 성년후견인의 청구에 의하여 추가로 성년후견인을 선임할 수 있다.
4. 가정법원이 성년후견인을 선임할 때에는 피성년후견인의 의사를 존중하여야 하며, 그 밖에 피성년후견인의 건강, 생활관계, 재산상

황, 성년후견인이 될 사람의 직업과 경험, 피성년후견인과의 이해관계의 유무(법인이 성년후견인이 될 때에는 사업의 종류와 내용, 법인이나 그 대표자와 피성년후견인 사이의 이해관계의 유무를 말한다) 등의 사정도 고려하여야 한다.

## 제937조 (후견인의 결격 사유)

다음 각호의 어느 하나에 해당하는 자는 후견인이 되지 못한다.

1. 미성년자
2. 피성년후견인, 피한정후견인, 피특정후견인, 피임의후견인
3. 회생절차개시결정 또는 파산선고를 받은 자
4. 자격정지 이상의 형의 선고를 받고 그 형기刑期 중에 있는 사람
5. 법원에서 해임된 법정대리인
6. 법원에서 해임된 성년후견인, 한정후견인, 특정후견인, 임의후견인과 그 감독인
7. 행방이 불분명한 사람
8. 피후견인을 상대로 소송을 하였거나 하고 있는 자 또는 그 배우자와 직계혈족

## 제938조 (후견인의 대리권 등)

1. 후견인은 피후견인의 법정대리인이 된다.
2. 가정법원은 성년후견인이 제1항에 따라 가지는 법정대리권의 범위를 정할 수 있다.
3. 가정법원은 성년후견인이 피성년후견인의 신상에 관하여 결정할 수 있는 권한의 범위를 정할 수 있다.
4. 제2항 및 제3항에 따른 법정대리인의 권한의 범위가 적절하지 아니하게 된 경우에 가정법원은 본인, 배우자, 4촌 이내의 친족, 성년후견인, 성년후견감독인, 검사 또는 지방자치단체의 장의 청구에 의하여 그 범위를 변경할 수 있다.

제939조 (후견인의 사임)

후견인은 정당한 사유가 있는 경우에는 가정법원의 허가를 받아 사임할 수 있다. 이 경우 그 후견인은 사임청구와 동시에 가정법원에 새로운 후견인의 선임을 청구하여야 한다.

제940조 (후견인의 변경)

가정법원은 피후견인의 복리를 위하여 후견인을 변경할 필요가 있다고 인정하면 직권으로 또는 피후견인, 친족, 후견감독인, 검사, 지방자치단체의 장의 청구에 의하여 후견인을 변경할 수 있다.

## 제2관 후견감독인

제940조의 2 (미성년후견감독인의 지정)

미성년후견인을 지정할 수 있는 사람은 유언으로 미성년후견감독인을 지정할 수 있다.

제940조의 3 (미성년후견감독인의 선임)

1. 가정법원은 제940조의 2에 따라 지정된 미성년후견감독인이 없는 경우에 필요하다고 인정하면 직권으로 또는 미성년자, 친족, 미성년후견인, 검사, 지방자치단체의 장의 청구에 의하여 미성년후견감독인을 선임할 수 있다.
2. 가정법원은 미성년후견감독인이 사망, 결격, 그 밖의 사유로 없게 된 경우에는 직권으로 또는 미성년자, 친족, 미성년후견인, 검사, 지방자치단체의 장의 청구에 의하여 미성년후견감독인을 선임한다.

제940조의 4 (성년후견감독인의 선임)

1. 가정법원은 필요하다고 인정하면 직권으로 또는 피성년후견인, 친족, 성년후견인, 검사, 지방자치단체의 장의 청구에 의하여 성년후견감독인을 선임할 수 있다.
2. 가정법원은 성년후견감독인이 사망, 결격, 그 밖의 사유로 없게 된

경우에는 직권으로 또는 피성년후견인, 친족, 성년후견인, 검사, 지방자치단체의 장의 청구에 의하여 성년후견감독인을 선임한다.

### 제940조의 5 (후견감독인의 결격 사유)
제779조에 따른 후견인의 가족은 후견감독인이 될 수 없다.

### 제940조의 6 (후견감독인의 직무)
1. 후견감독인은 후견인의 사무를 감독하며, 후견인이 없는 경우 지체 없이 가정법원에 후견인의 선임을 청구하여야 한다.
2. 후견감독인은 피후견인의 신상이나 재산에 대하여 급박한 사정이 있는 경우 그의 보호를 위하여 필요한 행위 또는 처분을 할 수 있다.
3. 후견인과 피후견인 사이에 이해가 상반되는 행위에 관하여는 후견감독인이 피후견인을 대리한다.

### 제940조의 7 (위임 및 후견인 규정의 준용)
후견감독인에 대해서는 제681조, 제691조, 제692조, 제930조 제2항·제3항, 제936조 제3항·제4항, 제937조, 제939조, 제940조, 제947조의 2 제3항부터 제5항까지, 제949조의 2, 제955조 및 제955조의 2를 준용한다.

## 제3관 후견인의 임무

### 제941조 (재산조사와 목록작성)
1. 후견인은 지체 없이 피후견인의 재산을 조사하여 2개월 내에 그 목록을 작성하여야 한다. 다만, 정당한 사유가 있는 경우에는 법원의 허가를 받아 그 기간을 연장할 수 있다.
2. 후견감독인이 있는 경우 제1항에 따른 재산조사와 목록작성은 후견감독인의 참여가 없으면 효력이 없다.

### 제942조 (후견인의 채권·채무의 제시)
1. 후견인과 피후견인 사이에 채권·채무의 관계가 있고 후견감독인이 있는 경우에는 후견인은 재산목록의 작성을 완료하기 전에 그 내용

을 후견감독인에게 제시하여야 한다.

2. 후견인이 피후견인에 대한 채권이 있음을 알고도 제1항에 따른 제시를 게을리한 경우에는 그 채권을 포기한 것으로 본다.

### 제945조 (미성년자의 신분에 관한 후견인의 권리·의무)
미성년후견인은 제913조부터 제915조까지에서 규정한 사항에 관하여는 친권자와 동일한 권리와 의무가 있다. 다만, 다음 각호의 어느 하나에 해당하는 경우에는 미성년후견감독인이 있으면 그의 동의를 받아야한다.

1. 친권자가 정한 교육방법, 양육방법 또는 거소를 변경하는 경우
2. 미성년자를 감화기관이나 교정기관에 위탁하는 경우
3. 친권자가 허락한 영업을 취소하거나 제한하는 경우

### 제946조 (재산관리에 한정된 후견)
미성년자의 친권자가 법률행위의 대리권과 재산관리권에 한정하여 친권을 행사할 수 없는 경우에 미성년후견인의 임무는 미성년자의 재산에 관한 행위에 한정된다.

### 제947조 (피성년후견인의 복리와 의사존중)
성년후견인은 피성년후견인의 재산관리와 신상보호를 할 때 여러 사정을 고려하여 그의 복리福利에 부합하는 방법으로 사무를 처리하여야 한다. 이 경우 성년후견인은 피성년후견인의 복리에 반하지 아니하면 피성년후견인의 의사를 존중하여야 한다.

### 제947조의 2 (피성년후견인의 신상결정 등)
1. 피성년후견인은 자신의 신상에 관하여 그의 상태가 허락하는 범위에서 단독으로 결정한다.
2. 성년후견인이 피성년후견인을 치료 등의 목적으로 정신병원이나 그밖의 다른 장소에 격리하려는 경우에는 가정법원의 허가를 받아야한다.

3. 피성년후견인의 신체를 침해하는 의료행위에 대하여 피성년후견인이 동의할 수 없는 경우에는 성년후견인이 그를 대신하여 동의할 수 있다.
4. 제3항의 경우 피성년후견인이 의료행위의 직접적인 결과로 사망하거나 상당한 장애를 입을 위험이 있을 때에는 가정법원의 허가를 받아야 한다. 다만, 허가절차로 의료행위가 지체되어 피성년후견인의 생명에 위험을 초래하거나 심신상의 중대한 장애를 초래할 때에는 사후에 허가를 청구할 수 있다.
5. 성년후견인이 피성년후견인을 대리하여 피성년후견인이 거주하고 있는 건물 또는 그 대지에 대하여 매도, 임대, 전세권 설정, 저당권 설정, 임대차의 해지, 전세권의 소멸, 그 밖에 이에 준하는 행위를 하는 경우에는 가정법원의 허가를 받아야 한다.

제948조 (미성년자의 친권의 대행)
1. 미성년후견인은 미성년자를 갈음하여 미성년자의 자녀에 대한 친권을 행사한다.
2. 제1항의 친권행사에는 미성년후견인의 임무에 관한 규정을 준용한다.

제949조의 2 (성년후견인이 여러 명인 경우 권한의 행사 등)
1. 가정법원은 직권으로 여러 명의 성년후견인이 공동으로 또는 사무를 분장하여 그 권한을 행사하도록 정할 수 있다.
2. 가정법원은 직권으로 제1항에 따른 결정을 변경하거나 취소할 수 있다.
3. 여러 명의 성년후견인이 공동으로 권한을 행사하여야 하는 경우에 어느 성년후견인이 피성년후견인의 이익이 침해될 우려가 있음에도 법률행위의 대리 등 필요한 권한행사에 협력하지 아니할 때에는 가정법원은 피성년후견인, 성년후견인, 후견감독인 또는 이해관계인의 청구에 의하여 그 성년후견인의 의사표시를 갈음하는 재판을 할 수 있다.

제949조의 3 (이해상반행위)

후견인에 대해서는 제 921조를 준용한다. 다만, 후견감독인이 있는 경우에는 그러하지 아니하다.

제950조 (후견감독인의 동의를 필요로 하는 행위)

1. 후견인이 피후견인을 대리하여 다음 각호의 어느 하나에 해당하는 행위를 하거나 미성년자의 다음 각호의 어느 하나에 해당하는 행위에 동의를 할 때는 후견감독인이 있으면 그의 동의를 받아야 한다.
   ① 영업에 관한 행위
   ② 금전을 빌리는 행위
   ③ 의무만을 부담하는 행위
   ④ 부동산 또는 중요한 재산에 관한 권리의 득실변경을 목적으로 하는 행위
   ⑤ 소송행위
   ⑥ 상속의 승인, 한정승인 또는 포기 및 상속재산의 분할에 관한 협의
2. 후견감독인의 동의가 필요한 행위에 대하여 후견감독인이 피후견인의 이익이 침해될 우려가 있음에도 동의를 하지 않는 경우에는 가정법원은 후견인의 청구에 의하여 후견감독인의 동의를 갈음하는 허가를 할 수 있다.
3. 후견감독인의 동의가 필요한 법률행위를 후견인이 후견감독인의 동의 없이 하였을 때에는 피후견인 또는 후견감독인이 그 행위를 취소할 수 있다.

제951조 (피후견인의 재산 등의 양수에 대한 취소)

1. 후견인이 피후견인에 대한 제3자의 권리를 양수讓受하는 경우에는 피후견인은 이를 취소할 수 있다.
2. 제1항에 따른 권리의 양수의 경우 후견감독인이 있으면 후견인은 후

견감독인의 동의를 받아야 하고, 후견감독인의 동의가 없는 경우에
는 피후견인 또는 후견감독인이 이를 취소할 수 있다.

제952조 (상대방의 추인 여부 최고)
제 950조 및 제 951조의 경우에는 제15조를 준용한다.

제953조 (후견감독인의 후견사무의 감독)
후견감독인은 언제든지 후견인에게 그의 임무 수행에 관한 보고와 재산
목록의 제출을 요구할 수 있고 피후견인의 재산상황을 조사할 수 있다.

제954조 (가정법원의 후견사무에 관한 처분)
가정법원은 직권으로 또는 피후견인, 후견감독인, 제777조에 따른 친
족, 그 밖의 이해관계인, 검사, 지방자치단체의 장의 청구에 의하여 피
후견인의 재산상황을 조사하고, 후견인에게 재산관리 등 후견임무 수
행에 관하여 필요한 처분을 명할 수 있다.

제955조의 2 (지출금액의 예정과 사무비용)
후견인이 후견사무를 수행하는 데 필요한 비용은 피후견인의 재산 중에
서 지출한다.

## 제4관 후견의 종료

제957조 (후견사무의 종료와 관리의 계산)
1. 후견인의 임무가 종료된 때에는 후견인 또는 그 상속인은 1개월 내
   에 피후견인의 재산에 관한 계산을 하여야 한다. 다만, 정당한 사유
   가 있는 경우에는 법원의 허가를 받아 그 기간을 연장할 수 있다.
2. 제1항의 계산은 후견감독인이 있는 경우에는 그가 참여하지 않으면
   효력이 없다.

## 제2절 한정후견과 특정후견

### 제959조의 2 (한정후견의 개시)
가정법원의 한정후견 개시의 심판이 있는 경우에는 그 심판을 받은 사람의 한정후견인을 두어야 한다.

### 제959조의 3 (한정후견인의 선임 등)
1. 제959조의 2에 따른 한정후견인은 가정법원이 직권으로 선임한다.
2. 한정후견인에 대해서는 제930조 제2항·제3항, 제936조 제2항부터 제4항까지, 제937조, 제939조, 제940조 및 제949조의 3을 준용한다.

### 제959조의 4 (한정후견인의 대리권 등)
1. 가정법원은 한정후견인에게 대리권을 수여하는 심판을 할 수 있다.
2. 한정후견인의 대리권 등에 관하여는 제938조 제3항 및 제4항을 준용한다.

### 제959조의 5 (한정후견감독인)
1. 가정법원은 필요하다고 인정하면 직권으로 또는 피한정후견인, 친족, 한정후견인, 검사, 지방자치단체의 장의 청구에 의하여 한정후견감독인을 선임할 수 있다.
2. 한정후견감독인에 대해서는 제681조, 제691조, 제692조, 제930조 제2항·제3항, 제936조 제3항·제4항, 제937조, 제939조, 제940조, 제940조의 3 제2항, 제940조의 5, 제940조의 6, 제947조의 2 제3항부터 제5항까지, 제949조의 2, 제955조 및 제955조의 2를 준용한다. 이 경우 제940조의 6 제 3항 중 "피후견인을 대리한다"는 "피한정후견인을 대리하거나 피한정후견인이 그 행위를 하는 데 동의한다"로 본다.

제959조의 6 (한정후견사무)

한정후견의 사무에 관하여는 제681조, 제920조 단서, 제947조, 제947조
의 2, 제949조, 제949조의 2, 제949조의 3, 제950조부터 제955까지 및
제955조의 2를 준용한다.

제959조의 7 (한정후견인의 임무의 종료 등)

한정후견인의 임무가 종료한 경우에 관하여는 제691조, 제692조, 제957
조 및 제958조를 준용한다.

제959조의 8 (특정후견에 따른 보호조치)

가정법원은 피특정후견인의 후원을 위하여 필요한 처분을 명할 수 있다.

제959조의 9 (특정후견인의 선임 등)

1. 가정법원은 제959조의 8에 따른 처분으로 피특정후견인을 후원하거
   나 대리하기 위한 특정후견인을 선임할 수 있다.
2. 특정후견인에 대해서는 제930조 제2항·제3항, 제936조 제2항부터
   제4항까지, 제937조, 제939조 및 제940조를 준용한다.

제959조의 10 (특정후견감독인)

1. 가정법원은 필요하다고 인정하면 직권으로 또는 피특정후견인, 친
   족, 특정후견인, 검사, 지방자치단체의 장의 청구에 의하여 특정후
   견감독인을 선임할 수 있다.
2. 특정후견감독인에 대해서는 제681조, 제691조, 제692조, 제930조
   제2항·제3항, 제936조 제3항·제4항, 제937조, 제939조, 제940
   조, 제940조의 5, 제940조의 6, 제949조의 2, 제955조 및 제955조
   의 2를 준용한다.

제959조의 11 (특정후견인의 대리권)

1. 피특정후견인의 후원을 위하여 필요하다고 인정하면 가정법원은 기
   간이나 범위를 정하여 특정후견인에게 대리권을 수여하는 심판을
   할 수 있다.

2. 제1항의 경우 가정법원은 특정후견인의 대리권 행사에 가정법원이나 특정후견감독인의 동의를 받도록 명할 수 있다.

제959조의 12 (특정후견사무)
특정후견의 사무에 관하여는 제681조, 제920조 단서, 제947조, 제949조의 2, 제953조부터 제955조까지 및 제955조의 2를 준용한다.

제959조의 13 (특정후견인의 임무의 종료 등)
특정후견인의 임무가 종료한 경우에 관하여는 제691조, 제692조, 제957조 및 제958조를 준용한다.

## 제3절 후견계약

제959조의 14 (후견계약의 의의와 체결방법 등)
1. 후견계약은 질병, 장애, 노령, 그 밖의 사유로 인한 정신적 제약으로 사무를 처리할 능력이 부족한 상황에 있거나 부족하게 될 상황에 대비하여 자신의 재산관리 및 신상보호에 관한 사무의 전부 또는 일부를 다른 자에게 위탁하고 그 위탁사무에 관하여 대리권을 수여하는 것을 내용으로 한다.
2. 후견계약은 공정증서로 체결하여야 한다.
3. 후견계약은 가정법원이 임의후견감독인을 선임한 때부터 효력이 발생한다.
4. 가정법원, 임의후견인, 임의후견감독인 등은 후견계약을 이행·운영할 때 본인의 의사를 최대한 존중하여야 한다.

제959조의 15 (임의후견감독인의 선임)
1. 가정법원은 후견계약이 등기되어 있고, 본인이 사무를 처리할 능력이 부족한 상황에 있다고 인정할 때에는 본인, 배우자, 4촌 이내의 친족, 임의후견인, 검사 또는 지방자치단체의 장의 청구에 의하여 임의후견감독인을 선임한다.

2. 제1항의 경우 본인이 아닌 자의 청구에 의하여 가정법원이 임의후
   견감독인을 선임할 때에는 미리 본인의 동의를 받아야 한다. 다만,
   본인이 의사를 표시할 수 없는 때에는 그러하지 아니하다.
3. 가정법원은 임의후견감독인이 없게 된 경우에는 직권으로 또는 본
   인, 친족, 임의후견인, 검사, 지방자치단체의 장의 청구에 의하여
   임의후견감독인을 선임한다.
4. 가정법원은 임의후견임감독인이 선임된 경우에도 필요하다고 인정
   하면 직권으로 또는 제3항의 청구권자의 청구에 의하여 임의후견감
   독인을 추가로 선임할 수 있다.
5. 임의후견감독인에 대해서는 제940조의 5를 준용한다.

제959조의 16 (임의후견감독인의 직무 등)

1. 임의후견감독인은 임의후견인의 사무를 감독하며 그 사무에 관하여
   가정법원에 정기적으로 보고하여야 한다.
2. 가정법원은 필요하다고 인정하면 임의후견감독인에게 감독사무에
   관한 보고를 요구할 수 있고 임의후견인의 사무 또는 본인의 재산상
   황에 대한 조사를 명하거나 그 밖에 임의후견감독인의 직무에 관하
   여 필요한 처분을 명할 수 있다.
3. 임의후견감독인에 대해서는 제940조의 6 제2항·제3항, 제940조의
   7 및 제953조를 준용한다.

제959조의 17 (임의후견 개시의 제한 등)

1. 임의후견인이 제937조 각호에 해당하는 자 또는 그 밖에 현저한 비행
   을 하거나 후견계약에서 정한 임무에 적합하지 아니한 사유가 있는
   자인 경우에는 가정법원은 임의후견감독인을 선임하지 아니한다.
2. 임의후견감독인을 선임한 이후 임의후견인이 현저한 비행을 하거나
   그 밖에 그 임무에 적합하지 아니한 사유가 있게 된 경우에는 가정
   법원은 임의후견감독인, 본인, 친족, 검사 또는 지방자치단체의 장

의 청구에 의하여 임의후견인을 해임할 수 있다.

### 제959조의 18 (후견계약의 종료)

1. 임의후견감독인의 선임 전에는 본인 또는 임의후견인은 언제든지 공증인의 인증을 받은 서면으로 후견계약의 의사표시를 철회할 수 있다.
2. 임의후견감독인의 선임 이후에는 본인 또는 임의후견인은 정당한 사유가 있는 때에만 가정법원의 허가를 받아 후견계약을 종료할 수 있다.

### 제959조의 19 (임의후견인의 대리권 소멸과 제 3자와의 관계)

임의후견인의 대리권 소멸은 등기하지 않으면 선의의 제 3자에게 대항할 수 없다.

### 제959조의 20 (후견계약과 성년후견 · 한정후견 · 특정후견의 관계)

1. 후견계약이 등기되어 있는 경우에는 가정법원은 본인의 이익을 위하여 특별히 필요할 때에만 임의후견인 또는 임의후견감독인의 청구에 의하여 성년후견, 한정후견 또는 특정후견의 심판을 할 수 있다. 이 경우 후견계약은 본인이 성년후견 또는 한정후견 개시의 심판을 받은 때 종료된다.
2. 본인이 피성년후견인, 피한정후견인 또는 피특정후견인인 경우에 가정법원은 임의후견감독인을 선임함에 있어서 종전의 성년후견, 한정후견 또는 특정후견의 종료 심판을 하여야 한다. 다만, 성년후견 또는 한정후견 조치의 계속이 본인의 이익을 위하여 특별히 필요하다고 인정하면 가정법원은 임의후견감독인을 선임하지 않는다.

### 제1020조 (제한능력자의 승인 · 포기의 기간)

상속인이 제한능력자인 경우에는 제1019조 제 1항의 기간은 그의 친권자 또는 후견인이 상속이 개시된 것을 안 날부터 기산起算한다.

### 제1062조 (제한능력자의 유언)

유언에 관하여는 제5조, 제10조 및 제13조를 적용하지 아니한다.

제1063조 (피성년후견인의 유언능력)

1.  피성년후견인은 의사능력이 회복된 때에만 유언을 할 수 있다.

2.  제 1항의 경우에는 의사가 심신회복의 상태를 유언서에 부기<sup>附記</sup>하고 서명날인하여야 한다.

제1072조 (증인의 결격 사유)

1.  다음 각호의 어느 하나에 해당하는 사람은 유언에 참여하는 증인이 되지 못한다.
    ① 미성년자
    ② 피성년후견인과 피한정후견인
    ③ 유언으로 이익을 받을 사람, 그의 배우자와 직계혈족

2.  공정증서에 의한 유언에는 '공증인법'에 따른 결격자는 증인이 되지 못한다.

제1098조 (유언집행자의 결격 사유)

제한능력자와 파산선고를 받은 자는 유언집행자가 되지 못한다.

부록 2

# 호스피스·완화의료 및 임종과정에 있는
# 환자의 연명의료결정에 관한 법률
## (연명의료결정법)

**법률 제17218호, 일부개정** 2020. 4. 7, **시행** 2020. 4. 7.

## 제1장 총칙

### 제1조 (목적)

이 법은 호스피스·완화의료와 임종과정에 있는 환자의 연명의료와 연명의료중단 등 결정 및 그 이행에 필요한 사항을 규정함으로써 환자의 최선의 이익을 보장하고 자기결정을 존중하여 인간으로서의 존엄과 가치를 보호하는 것을 목적으로 한다.

### 제2조 (정의)

이 법에서 사용하는 용어의 뜻은 다음과 같다. 〈개정 2018. 3. 27〉

1. '임종과정'이란 회생의 가능성이 없고, 치료에도 불구하고 회복되지 아니하며, 급속도로 증상이 악화되어 사망에 임박한 상태를 말한다.

2. '임종과정에 있는 환자'란 제16조에 따라 담당의사와 해당 분야의 전문의 1명으로부터 임종과정에 있다는 의학적 판단을 받은 자를 말한다.

3. '말기환자'末期患者란 적극적인 치료에도 불구하고 근원적인 회복의 가능성이 없고 점차 증상이 악화되어 보건복지부령으로 정하는 절차와 기준에 따라 담당의사와 해당 분야의 전문의 1명으로부터 수개월 이내에 사망할 것으로 예상되는 진단을 받은 환자를 말한다.

4. '연명의료'란 임종과정에 있는 환자에게 하는 심폐소생술, 혈액 투

석, 항암제 투여, 인공호흡기 착용 및 그 밖에 대통령령으로 정하는 의학적 시술로서 치료효과 없이 임종과정의 기간만을 연장하는 것을 말한다.

5. '연명의료중단 등 결정'이란 임종과정에 있는 환자에 대한 연명의료를 시행하지 아니하거나 중단하기로 하는 결정을 말한다.

6. '호스피스·완화의료'(이하 '호스피스'라 한다) 란 다음 각 목의 어느하나에 해당하는 질환으로 말기환자로 진단을 받은 환자 또는 임종과정에 있는 환자(이하 '호스피스대상환자'라 한다) 와 그 가족에게 통증과 증상의 완화 등을 포함한 신체적·심리사회적·영적 영역에대한 종합적인 평가와 치료를 목적으로 하는 의료를 말한다.

　가. 암

　나. 후천성면역결핍증

　다. 만성 폐쇄성 호흡기질환

　라. 만성 간경화

　마. 그 밖에 보건복지부령으로 정하는 질환

7. '담당의사'란 '의료법'에 따른 의사로서 말기환자 또는 임종과정에 있는환자(이하 '말기환자 등'이라 한다) 를 직접 진료하는 의사를 말한다.

8. '연명의료계획서'란 말기환자 등의 의사에 따라 담당의사가 환자에대한 연명의료중단 등 결정 및 호스피스에 관한 사항을 계획하여 문서(전자문서를 포함한다) 로 작성한 것을 말한다.

9. '사전연명의료의향서'란 19세 이상인 사람이 자신의 연명의료중단등 결정 및 호스피스에 관한 의사를 직접 문서(전자문서를 포함한다)로 작성한 것을 말한다.

제3조 (기본 원칙)

1. 호스피스와 연명의료 및 연명의료중단 등 결정에 관한 모든 행위는환자의 인간으로서의 존엄과 가치를 침해하여서는 아니 된다.

2. 모든 환자는 최선의 치료를 받으며, 자신이 앓고 있는 상병傷病의 상태와 예후 및 향후 본인에게 시행될 의료행위에 대하여 분명히 알고 스스로 결정할 권리가 있다.

3. '의료법'에 따른 의료인(이하 '의료인'이라 한다)은 환자에게 최선의 치료를 제공하고, 호스피스와 연명의료 및 연명의료중단 등 결정에 관하여 정확하고 자세하게 설명하며, 그에 따른 환자의 결정을 존중하여야 한다.

제4조 (다른 법률과의 관계)

이 법은 호스피스와 연명의료, 연명의료중단 등 결정 및 그 이행에 관하여 다른 법률에 우선하여 적용한다.

제5조 (국가 및 지방자치단체의 책무)

1. 국가와 지방자치단체는 환자의 인간으로서의 존엄과 가치를 보호하는 사회적·문화적 토대를 구축하기 위하여 노력하여야 한다.

2. 국가와 지방자치단체는 환자의 최선의 이익을 보장하기 위하여 호스피스 이용의 기반 조성에 필요한 시책을 우선적으로 마련하여야 한다.

제6조 (호스피스의 날 지정)

1. 삶과 죽음의 의미와 가치를 널리 알리고 범국민적 공감대를 형성하며 호스피스를 적극적으로 이용하고 연명의료에 관한 환자의 의사를 존중하는 사회 분위기를 조성하기 위하여 매년 10월 둘째 주 토요일을 '호스피스의 날'로 한다.

2. 국가와 지방자치단체는 호스피스의 날의 취지에 부합하는 행사와 교육·홍보를 실시하도록 노력하여야 한다.

제7조 (종합계획의 시행·수립)

1. 보건복지부 장관은 호스피스와 연명의료 및 연명의료중단 등 결정의 제도적 확립을 위하여 관계 중앙행정기관의 장과 협의하고, 제8조

에 따른 국가호스피스연명의료위원회의 심의를 거쳐 호스피스와 연명의료 및 연명의료중단 등 결정에 관한 종합계획(이하 '종합계획'이라 한다)을 5년마다 수립·추진하여야 한다. (개정 2020. 4. 7)

2. 종합계획에는 다음 각호의 사항이 포함되어야 한다.
   ① 호스피스와 연명의료 및 연명의료중단 등 결정의 제도적 확립을 위한 추진방향 및 기반조성
   ② 호스피스와 연명의료 및 연명의료중단 등 결정 관련 정보제공 및 교육의 시행·지원
   ③ 제14조에 따른 의료기관윤리위원회의 설치·운영에 필요한 지원
   ④ 말기환자 등과 그 가족의 삶의 질 향상을 위한 교육프로그램 및 지침의 개발·보급
   ⑤ 제25조에 따른 호스피스전문기관의 육성 및 전문인력의 양성
   ⑥ 다양한 호스피스 사업의 개발
   ⑦ 호스피스와 연명의료 및 연명의료중단 등 결정에 관한 조사·연구에 관한 사항
   ⑧ 그 밖에 호스피스와 연명의료 및 연명의료중단 등 결정의 제도적 확립을 위하여 필요한 사항

3. 보건복지부 장관은 종합계획을 수립할 때 생명윤리 및 안전에 관하여 사회적으로 심각한 영향을 미칠 수 있는 사항에 대하여는 미리 '생명윤리 및 안전에 관한 법률' 제7조에 따른 국가생명윤리심의위원회와 협의하여야 한다.

4. 보건복지부 장관은 종합계획에 따라 매년 시행계획을 수립·시행하고 그 추진실적을 평가하여야 한다.

5. 보건복지부 장관은 종합계획을 수립하거나 주요 사항을 변경한 경우 지체 없이 국회에 보고하여야 한다.

제8조 (국가호스피스연명의료위원회)

1. 보건복지부는 종합계획 및 시행계획을 심의하기 위하여 보건복지부 장관 소속으로 국가호스피스연명의료위원회(이하 "위원회"라 한다)를 둔다.
2. 위원회는 위원장을 포함한 15인 이내의 위원으로 구성한다.
3. 위원장은 보건복지부차관이 된다.
4. 위원은 말기환자 진료, 호스피스 및 임종과정에 관한 학식과 경험이 풍부한 다양한 분야의 전문가들 중에서 보건복지부 장관이 임명 또는 위촉한다.
5. 그 밖에 위원회의 조직 및 운영에 필요한 사항은 대통령령으로 정한다.

## 제2장 연명의료중단 등 결정의 관리체계

제9조 (국립연명의료관리기관)

1. 보건복지부 장관은 연명의료, 연명의료중단 등 결정 및 그 이행에 관한 사항을 적정하게 관리하기 위하여 국립연명의료관리기관(이하 '관리기관'이라 한다)을 둔다.
2. 관리기관의 업무는 다음 각호와 같다.

    ① 제10조에 따라 등록된 연명의료계획서 및 제12조에 따라 등록된 사전연명의료의향서에 대한 데이터베이스의 구축 및 관리

    ② 제11조에 따른 사전연명의료의향서 등록기관에 대한 관리 및 지도·감독

    ③ 제17조 제2항에 따른 연명의료계획서 및 사전연명의료의향서 확인 조회 요청에 대한 회답

    ④ 연명의료, 연명의료중단 등 결정 및 그 이행의 현황에 대한 조사·연구, 정보수집 및 관련 통계의 산출

    ⑤ 그 밖에 연명의료, 연명의료중단 등 결정 및 그 이행과 관련하여

대통령령으로 정하는 업무

3. 관리기관의 운영 등에 필요한 사항은 대통령령으로 정한다. (시행일 2018. 2. 4)

제10조 (연명의료계획서의 작성·등록 등)

1. 담당의사는 말기환자 등에게 연명의료중단 등 결정, 연명의료계획서 및 호스피스에 관한 정보를 제공할 수 있다.

2. 말기환자 등은 의료기관('의료법' 제3조에 따른 의료기관 중 의원·한의원·병원·한방병원·요양병원 및 종합병원을 말한다. 이하 같다)에서 담당의사에게 연명의료계획서의 작성을 요청할 수 있다.

3. 제2항에 따른 요청을 받은 담당의사는 해당 환자에게 연명의료계획서를 작성하기 전에 다음 각호의 사항에 관하여 설명하고, 환자로부터 내용을 이해하였음을 확인받아야 한다. 이 경우 해당 환자가 미성년자인 때에는 환자 및 그 법정대리인에게 설명하고 확인을 받아야 한다.

   ① 환자의 질병 상태와 치료방법에 관한 사항

   ② 연명의료의 시행방법 및 연명의료중단 등 결정에 관한 사항

   ③ 호스피스의 선택 및 이용에 관한 사항

   ④ 연명의료계획서의 작성·등록·보관 및 통보에 관한 사항

   ⑤ 연명의료계획서의 변경·철회 및 그에 따른 조치에 관한 사항

   ⑥ 그 밖에 보건복지부령으로 정하는 사항

4. 연명의료계획서는 다음 각호의 사항을 포함하여야 한다.

   ① 환자의 연명의료중단 등 결정 및 호스피스의 이용에 관한 사항

   ② 제3항 각호의 설명을 이해하였다는 환자의 서명, 기명날인, 녹취, 그 밖에 이에 준하는 대통령령으로 정하는 방법으로의 확인

   ③ 담당의사의 서명 날인

   ④ 작성 연월일

⑤ 그 밖에 보건복지부령으로 정하는 사항

5. 환자는 연명의료계획서의 변경 또는 철회를 언제든지 요청할 수 있다. 이 경우 담당의사는 이를 반영한다.

6. 의료기관의 장은 작성된 연명의료계획서를 등록·보관하여야 하며, 연명의료계획서가 등록·변경 또는 철회된 경우 그 결과를 관리기관의 장에게 통보하여야 한다.

7. 연명의료계획서의 서식 및 연명의료계획서의 작성·등록·통보 등에 필요한 사항은 보건복지부령으로 정한다. (시행일 2018. 2. 4)

제11조 (사전연명의료의향서 등록기관)

1. 보건복지부 장관은 대통령령으로 정하는 시설·인력 등 요건을 갖춘 다음 각호의 기관 중에서 사전연명의료의향서 등록기관(이하 '등록기관'이라 한다) 을 지정할 수 있다.
   ① '지역보건법' 제2조에 따른 지역보건의료기관
   ② 의료기관
   ③ 사전연명의료의향서에 관한 사업을 수행하는 비영리법인 또는 비영리단체('비영리민간단체 지원법' 제4조에 따라 등록된 비영리민간단체를 말한다)
   ④ '공공기관의 운영에 관한 법률' 제4조에 따른 공공기관

2. 등록기관의 업무는 다음 각호와 같다.
   ① 사전연명의료의향서 등록에 관한 업무
   ② 사전연명의료의향서에 관한 설명 및 작성 지원
   ③ 사전연명의료의향서에 관한 상담, 정보제공 및 홍보
   ④ 관리기관에 대한 사전연명의료의향서의 등록·변경·철회 등의 결과 통보
   ⑤ 그 밖에 사전연명의료의향서에 관하여 보건복지부령으로 정하는 업무

3. 등록기관의 장은 제2항에 따른 업무 수행의 결과를 기록·보관하고, 관리기관의 장에게 보고하여야 한다.

4. 국가와 지방자치단체는 등록기관의 운영 및 업무 수행에 필요한 행정적·재정적 지원을 할 수 있다.

5. 등록기관의 장은 등록기관의 업무를 폐업 또는 1개월 이상 휴업하거나 운영을 재개하는 경우 보건복지부 장관에게 신고하여야 한다.

6. 등록기관의 장은 등록기관의 업무를 폐업 또는 1개월 이상 휴업하는 경우 보건복지부령으로 정하는 바에 따라 관련 기록을 관리기관의 장에게 이관하여야 한다. 다만, 휴업하려는 등록기관의 장이 휴업 예정일 전일까지 관리기관의 장의 허가를 받은 경우에는 관련 기록을 직접 보관할 수 있다.

7. 등록기관의 지정 절차, 업무 수행 결과 기록·보관 및 보고, 폐업 등의 신고절차에 관하여 필요한 사항은 보건복지부령으로 정한다. (시행일 2018. 2. 4)

## 제12조 (사전연명의료의향서의 작성·등록 등)

1. 사전연명의료의향서를 작성하고자 하는 사람(이하 '작성자'라 한다)은 이 조에 따라서 직접 작성하여야 한다.

2. 등록기관은 작성자에게 그 작성 전에 다음 각호의 사항을 충분히 설명하고, 작성자로부터 내용을 이해하였음을 확인받아야 한다.

① 연명의료의 시행방법 및 연명의료중단 등 결정에 대한 사항

② 호스피스의 선택 및 이용에 관한 사항

③ 사전연명의료의향서의 효력 및 효력 상실에 관한 사항

④ 사전연명의료의향서의 작성·등록·보관 및 통보에 관한 사항

⑤ 사전연명의료의향서의 변경·철회 및 그에 따른 조치에 관한 사항

⑥ 그 밖에 보건복지부령으로 정하는 사항

3. 사전연명의료의향서는 다음 각호의 사항을 포함하여야 한다.
   (개정 2018. 3. 27)
   ① 연명의료중단 등 결정
   ② 호스피스의 이용
   ③ 작성 연월일
   ④ 그 밖에 보건복지부령으로 정하는 사항
4. 등록기관의 장은 사전연명의료의향서를 제출받을 때 본인의 작성 여부를 확인한 후 작성된 사전연명의료의향서를 등록 · 보관하여야 한다.
5. 등록기관의 장은 제4항에 따른 등록 결과를 관리기관의 장에게 통보하여야 한다.
6. 사전연명의료의향서를 작성한 사람은 언제든지 그 의사를 변경하거나 철회할 수 있다. 이 경우 등록기관의 장은 지체 없이 사전연명의료의향서를 변경하거나 등록을 말소하여야 한다.
7. 등록기관의 장은 제6항에 따라 사전연명의료의향서가 변경 또는 철회된 경우 그 결과를 관리기관의 장에게 통보하여야 한다.
8. 사전연명의료의향서는 다음 각호의 어느 하나에 해당하는 경우 그 효력이 없다. 다만, 제4호의 경우에는 그 때부터 효력을 잃는다.
   ① 본인이 직접 작성하지 아니한 경우
   ② 본인의 자발적 의사에 따라 작성되지 아니한 경우
   ③ 제2항 각호의 사항에 관한 설명이 제공되지 아니하거나 작성자의 확인을 받지 아니한 경우
   ④ 사전연명의료의향서 작성 · 등록 후에 연명의료계획서가 다시 작성된 경우
9. 사전연명의료의향서의 서식 및 사전연명의료의향서의 작성 · 등록 · 보관 · 통보 등에 필요한 사항은 보건복지부령으로 정한다.

제13조 (등록기관의 지정 취소)

1. 보건복지부 장관은 등록기관이 다음 각호의 어느 하나에 해당하는 경우 그 지정을 취소할 수 있다. 다만, 제1호에 해당하는 경우에는 그 지정을 취소하여야 한다.

   ① 거짓이나 그 밖의 부정한 방법으로 지정을 받은 경우

   ② 제11조 제1항에 따른 지정기준에 미달하는 경우

   ③ 제11조 제2항 각호의 업무를 정당한 사유 없이 이행하지 아니한 경우

   ④ 정당한 사유 없이 제34조 제3항에 따른 명령·조사에 응하지 아니한 자

2. 제1항에 따라 지정이 취소된 등록기관은 지정이 취소된 날부터 2년 이내에 등록기관으로 지정받을 수 없다.

3. 등록기관의 장은 제1항에 따라 지정이 취소된 경우 대통령령으로 정하는 바에 따라 보관하고 있는 기록을 관리기관의 장에게 이관하여야 한다. (시행일 2018. 2. 4)


제14조 (의료기관윤리위원회의 설치 및 운영 등)

1. 연명의료중단 등 결정 및 그 이행에 관한 업무를 수행하려는 의료기관은 보건복지부령으로 정하는 바에 따라 해당 의료기관에 의료기관윤리위원회(이하 '윤리위원회'라 한다)를 설치하고 이를 보건복지부 장관에게 등록하여야 한다.

2. 윤리위원회는 다음 각호의 활동을 수행한다.

   ① 연명의료중단 등 결정 및 그 이행에 관하여 임종과정에 있는 환자와 그 환자가족 또는 의료인이 요청한 사항에 관한 심의

   ② 제19조 제3항에 따른 담당의사의 교체에 관한 심의

   ③ 환자와 환자가족에 대한 연명의료중단 등 결정 관련 상담

   ④ 해당 의료기관의 의료인에 대한 의료윤리교육

⑤ 그 밖에 보건복지부령으로 정하는 사항

3. 윤리위원회의 위원은 위원장 1명을 포함하여 5명 이상으로 구성하되, 해당 의료기관에 종사하는 사람으로만 구성할 수 없으며, 의료인이 아닌 사람으로서 종교계·법조계·윤리학계·시민단체 등의 추천을 받은 사람 2명 이상을 포함하여야 한다.

4. 윤리위원회 위원은 해당 의료기관의 장이 위촉하고, 위원장은 위원 중에서 호선한다.

5. 제1항에도 불구하고 보건복지부령으로 정하는 바에 따라 다른 의료기관의 윤리위원회 또는 제6항에 따른 공용윤리위원회와 제2항 각호의 업무의 수행을 위탁하기로 협약을 맺은 의료기관은 윤리위원회를 설치한 것으로 본다.

6. 보건복지부 장관은 의료기관이 제2항 각호의 업무의 수행을 위탁할 수 있도록 공용윤리위원회를 지정할 수 있다.

7. 그 밖에 윤리위원회 및 공용윤리위원회의 구성 및 운영 등에 필요한 사항은 보건복지부령으로 정한다. (시행일 2018. 2. 4)

## 제3장 연명의료중단 등 결정의 이행

### 제15조 (연명의료중단 등 결정 이행의 대상)

담당의사는 임종과정에 있는 환자가 다음 각호의 어느 하나에 해당하는 경우에만 연명의료중단 등 결정을 이행할 수 있다.

1. 제17조에 따라 연명의료계획서, 사전연명의료의향서 또는 환자가족의 진술을 통하여 환자의 의사로 보는 의사가 연명의료중단 등 결정을 원하는 것이고, 임종과정에 있는 환자의 의사에도 반하지 아니하는 경우

2. 제18조에 따라 연명의료중단 등 결정이 있는 것으로 보는 경우
(시행일 2018. 2. 4)

제16조 (환자가 임종과정에 있는지 여부에 대한 판단)

1. 담당의사는 환자에 대한 연명의료중단 등 결정을 이행하기 전에 해당 환자가 임종과정에 있는지 여부를 해당 분야의 전문의 1명과 함께 판단하고 그 결과를 보건복지부령으로 정하는 바에 따라 기록(전자문서로 된 기록을 포함한다) 하여야 한다. (개정 2018. 3. 27)

2. 제1항에도 불구하고 제25조에 따른 호스피스전문기관에서 호스피스를 이용하는 말기환자가 임종과정에 있는지 여부에 대한 판단은 담당의사의 판단으로 갈음할 수 있다. (신설 2018. 3. 27) (시행일 2019. 3. 28)

제17조 (환자의 의사 확인)

1. 연명의료중단 등 결정을 원하는 환자의 의사는 다음 각호의 어느 하나의 방법으로 확인한다.

   ① 의료기관에서 작성된 연명의료계획서가 있는 경우 이를 환자의 의사로 본다.

   ② 담당의사가 사전연명의료의향서의 내용을 환자에게 확인하는 경우 이를 환자의 의사로 본다. 담당의사 및 해당 분야의 전문의 1명이 다음 각 목을 모두 확인한 경우에도 같다.

   　　가. 환자가 사전연명의료의향서의 내용을 확인하기에 충분한 의사능력이 없다는 의학적 판단

   　　나. 사전연명의료의향서가 제2조 제4호의 범위에서 제12조에 따라 작성되었다는 사실

   ③ 제1호 또는 제2호에 해당하지 아니하고 19세 이상의 환자가 의사를 표현할 수 없는 의학적 상태인 경우 환자의 연명의료중단 등 결정에 관한 의사로 보기에 충분한 기간 동안 일관하여 표시된 연명의료중단 등에 관한 의사에 대하여 환자가족(19세 이상인 자로서 다음 각 목의 어느 하나에 해당하는 사람을 말한다) 2명 이상

의 일치하는 진술(환자가족이 1명인 경우에는 그 1명의 진술을 말한다)이 있으면 담당의사와 해당 분야의 전문의 1명의 확인을 거쳐 이를 환자의 의사로 본다. 다만, 그 진술과 배치되는 내용의 다른 환자가족의 진술 또는 보건복지부령으로 정하는 객관적인 증거가 있는 경우에는 그러하지 아니하다.

가. 배우자

나. 직계비속

다. 직계존속

라. 가 목부터 다 목까지에 해당하는 사람이 없는 경우 형제자매

2. 담당의사는 제1항 제1호 및 제2호에 따른 연명의료계획서 또는 사전연명의료의향서 확인을 위하여 관리기관에 등록 조회를 요청할 수 있다.

3. 제1항 제2호나 제3호에 따라 환자의 의사를 확인한 담당의사 및 해당 분야의 전문의는 보건복지부령으로 정하는 바에 따라 확인 결과를 기록(전자문서로 된 기록을 포함한다)하여야 한다. (개정 2018. 3. 27)

제18조 (환자의 의사를 확인할 수 없는 경우의 연명의료중단 등 결정)

1. 제17조에 해당하지 아니하여 환자의 의사를 확인할 수 없고 환자가 의사표현을 할 수 없는 의학적 상태인 경우 다음 각호의 어느 하나에 해당할 때에는 해당 환자를 위한 연명의료중단 등 결정이 있는 것으로 본다. 다만, 담당의사 또는 해당 분야 전문의 1명이 환자가 연명의료중단 등 결정을 원하지 아니하였다는 사실을 확인한 경우는 제외한다. (개정 2018. 12. 11) (시행일 2019. 3. 28)

① 미성년자인 환자의 법정대리인(친권자에 한정한다)이 연명의료중단 등 결정의 의사표시를 하고 담당의사와 해당 분야 전문의 1명이 확인한 경우

② 환자가족 중 다음 각 목에 해당하는 사람(19세 이상인 사람에 한정하며, 행방불명자 등 대통령령으로 정하는 사유에 해당하는 사람

은 제외한다) 전원의 합의로 연명의료중단 등 결정의 의사표시를 하고 담당의사와 해당 분야 전문의 1명이 확인한 경우

가. 배우자

나. 1촌 이내의 직계 존속·비속

다. 가 목 및 나 목에 해당하는 사람이 없는 경우 2촌 이내의 직계 존속·비속

라. 가 목부터 다 목까지에 해당하는 사람이 없는 경우 형제자매

2. 제1항 제1호·제2호에 따라 연명의료중단 등 결정을 확인한 담당의사 및 해당 분야의 전문의는 보건복지부령으로 정하는 바에 따라 확인 결과를 기록(전자문서로 된 기록을 포함한다) 하여야 한다. 〈개정 2018. 3. 27〉

## 제19조 (연명의료중단 등 결정의 이행 등)

1. 담당의사는 제15조 각호의 어느 하나에 해당하는 환자에 대하여 즉시 연명의료중단 등 결정을 이행하여야 한다.

2. 연명의료중단 등 결정 이행 시 통증 완화를 위한 의료행위와 영양분 공급, 물 공급, 산소의 단순 공급은 시행하지 아니하거나 중단되어서는 아니 된다.

3. 담당의사가 연명의료중단 등 결정의 이행을 거부할 때에는 해당 의료기관의 장은 윤리위원회의 심의를 거쳐 담당의사를 교체하여야 한다. 이 경우 의료기관의 장은 연명의료중단 등 결정의 이행 거부를 이유로 담당의사에게 해고나 그 밖에 불리한 처우를 하여서는 아니 된다.

4. 담당의사는 연명의료중단 등 결정을 이행하는 경우 그 과정 및 결과를 기록(전자문서로 된 기록을 포함한다) 하여야 한다. 〈개정 2018. 3. 27〉

5. 의료기관의 장은 제1항에 따라 연명의료중단 등 결정을 이행하는 경우 그 결과를 지체 없이 보건복지부령으로 정하는 바에 따라 관리기관의 장에게 통보하여야 한다.

제20조 (기록의 보존)

의료기관의 장은 연명의료중단 등 결정 및 그 이행에 관한 다음 각호의 기록을 연명의료중단 등 결정 이행 후 10년 동안 보존하여야 한다.

1. 제10조에 따라 작성된 연명의료계획서

2. 제16조에 따라 기록된 임종과정에 있는 환자 여부에 대한 담당의사와 해당 분야 전문의 1명의 판단 결과

3. 제17조 제1항 제1호 및 제2호에 따른 연명의료계획서 또는 사전연명의료의향서에 대한 담당의사 및 해당 분야 전문의의 확인 결과

4. 제17조 제1항 제3호에 따른 환자가족의 진술에 대한 자료·문서 및 그에 대한 담당의사와 해당 분야 전문의의 확인 결과

5. 제18조 제1항 제1호·제2호에 따른 의사표시에 대한 자료·문서 및 그에 대한 담당의사와 해당 분야 전문의의 확인 결과

6. 제19조 제4항에 따라 기록된 연명의료중단 등 결정 이행의 결과

7. 그 밖에 연명의료중단 등 결정 및 그 이행에 관한 중요한 기록으로서 대통령령으로 정하는 사항(시행일 2018. 2. 4)

## 제4장 호스피스·완화의료

제21조(호스피스사업)

1. 보건복지부 장관은 호스피스를 위하여 다음 각호의 사업을 실시하여야 한다.

   ① 말기환자 등의 적정한 통증관리 등 증상 조절을 위한 지침 개발 및 보급

   ② 입원형, 자문형, 가정형 호스피스의 설치 및 운영, 그 밖에 다양한 호스피스 유형의 정책개발 및 보급

   ③ 호스피스의 발전을 위한 연구·개발 사업

   ④ 제25조에 따른 호스피스전문기관의 육성 및 호스피스 전문인력

의 양성

⑤ 말기환자 등과 그 가족을 위한 호스피스 교육프로그램의 개발 및 보급

⑥ 호스피스 이용 환자의 경제적 부담능력 등을 고려한 의료비 지원 사업

⑦ 말기환자, 호스피스의 현황과 관리실태에 관한 자료를 지속적이고 체계적으로 수집·분석하여 통계를 산출하기 위한 등록·관리·조사 사업 (이하 '등록통계사업'이라 한다)

⑧ 호스피스에 관한 홍보

⑨ 그 밖에 보건복지부 장관이 필요하다고 인정하는 사업

2. 보건복지부 장관은 제1항 각호에 따른 사업을 대통령령으로 정하는 바에 따라 관계 전문기관 및 단체에 위탁할 수 있다.

## 제22조 (자료제공의 협조 등)

보건복지부 장관은 제21조 제1항 제7호에 따른 등록통계사업에 필요한 경우 관계 기관 또는 단체에 자료의 제출이나 의견의 진술 등을 요구할 수 있다. 이 경우 자료의 제출 등을 요구받은 자는 정당한 사유가 없으면 이에 따라야 한다.

## 제23조 (중앙호스피스센터의 지정 등)

1. 보건복지부 장관은 다음 각호의 업무를 수행하게 하기 위하여 보건복지부령으로 정하는 기준을 충족하는 '의료법' 제3조 제2항 제3호 마 목에 따른 종합병원 (이하 '종합병원'이라 한다) 을 중앙호스피스센터 (이하 '중앙센터'라 한다) 로 지정할 수 있다. 이 경우 국공립 의료기관을 우선하여 지정한다. (개정 2018. 3. 27) (시행일 2019. 3. 28)

① 말기환자의 현황 및 진단·치료·관리 등에 관한 연구

② 호스피스사업에 대한 정보·통계의 수집·분석 및 제공

③ 호스피스사업 계획의 작성

④ 호스피스에 관한 신기술의 개발 및 보급

⑤ 호스피스대상환자에 대한 호스피스 제공

⑥ 호스피스사업 결과의 평가 및 활용

⑦ 그 밖에 말기환자 관리에 필요한 사업으로서 보건복지부령으로
　정하는 사업

2. 보건복지부 장관은 중앙센터가 제1항 각호의 사업을 하지 아니하거
나 잘못 수행한 경우에는 시정을 명할 수 있다.

3. 보건복지부 장관은 중앙센터가 다음 각호의 어느 하나에 해당하는
경우에는 그 지정을 취소할 수 있다.

① 제1항에 따른 지정 기준에 미달한 경우

② 제1항 각호의 사업을 하지 아니하거나 잘못 수행한 경우

③ 제2항에 따른 시정명령을 따르지 아니한 경우

4. 제1항 및 제3항에 따른 중앙센터 지정 및 지정취소의 기준·방법·
절차 및 운영에 관하여 필요한 사항은 보건복지부령으로 정한다.

## 제24조 (권역별호스피스센터의 지정 등)

1. 보건복지부 장관은 다음 각호의 업무를 수행하게 하기 위하여 보건복
지부령으로 정하는 기준을 충족하는 종합병원을 권역별호스피스센
터(이하 '권역별센터'라 한다)로 지정할 수 있다. 이 경우 국공립 의
료기관을 우선하여 지정한다. (개정 2018. 3. 27) (시행일 2019. 3. 28)

① 말기환자의 현황 및 진단·치료·관리 등에 관한 연구

② 해당 권역의 호스피스사업의 지원

③ 해당 권역의 호스피스전문기관들에 관한 의료 지원 및 평가

④ 호스피스대상환자의 호스피스 제공

⑤ 해당 권역의 호스피스사업에 관련된 교육·훈련 및 지원 업무

⑥ 해당 권역의 호스피스에 관한 홍보

⑦ 말기환자 등록통계자료의 수집·분석 및 제공

⑧ 그 밖에 말기환자 관리에 필요한 사업으로서 보건복지부령으로 정하는 사업

2. 보건복지부 장관은 권역별센터가 제1항 각호의 사업을 하지 아니하거나 잘못 수행한 경우에는 시정을 명할 수 있다.

3. 보건복지부 장관은 권역별센터가 다음 각호의 어느 하나에 해당하는 경우에는 그 지정을 취소할 수 있다.
① 제1항에 따른 지정 기준에 미달한 경우
② 제1항 각호의 사업을 하지 아니하거나 잘못 수행한 경우
③ 제2항에 따른 시정명령을 따르지 아니한 경우

4. 제1항 및 제3항에 따른 권역별센터 지정 및 지정취소의 기준·방법·절차 및 운영에 관하여 필요한 사항은 보건복지부령으로 정한다.

## 제25조 (호스피스전문기관의 지정 등)

1. 보건복지부 장관은 호스피스대상환자를 대상으로 호스피스전문기관을 설치·운영하려는 의료기관 중 보건복지부령으로 정하는 시설·인력·장비 등의 기준을 충족하는 의료기관을 입원형, 자문형, 가정형으로 구분하여 호스피스전문기관으로 지정할 수 있다. (개정 2018. 3. 27) (시행일 2019. 3. 28)

2. 제1항에 따라 지정을 받으려는 의료기관은 보건복지부령으로 정하는 바에 따라 보건복지부 장관에게 신청하여야 한다.

3. 보건복지부 장관은 제1항에 따라 지정받은 호스피스전문기관(이하 '호스피스전문기관'이라 한다)에 대하여 제29조에 따른 평가결과를 반영하여 호스피스사업에 드는 비용의 전부 또는 일부를 차등 지원할 수 있다.

4. 제1항 및 제2항에서 규정한 사항 외에 호스피스전문기관의 지정에 필요한 사항은 보건복지부령으로 정한다.

제26조 (변경·폐업 등 신고)

1. 호스피스전문기관의 장은 보건복지부령으로 정하는 인력·시설·장비 등 중요한 사항을 변경하려는 경우 보건복지부 장관에게 그 변경사항을 신고하여야 한다.

2. 호스피스전문기관의 장은 호스피스사업을 폐업 또는 휴업하려는 경우 보건복지부 장관에게 미리 신고하여야 한다.

3. 제1항 및 제2항에 따른 신고의 절차 등에 필요한 사항은 보건복지부령으로 정한다.

제27조 (의료인의 설명의무)

1. 호스피스전문기관의 의료인은 호스피스대상환자나 그 가족 등에게 호스피스의 선택과 이용 절차에 관하여 설명하여야 한다. (개정 2018. 3. 27) (시행일 2019. 3. 28)

2. 호스피스전문기관의 의사 또는 한의사는 호스피스를 시행하기 전에 치료 방침을 호스피스대상환자나 그 가족에게 설명하여야 하며, 호스피스대상환자나 그 가족이 질병의 상태에 대하여 알고자 할 때에는 이를 설명하여야 한다. (개정 2018. 3. 27) (시행일 2019. 3. 28)

제28조 (호스피스의 신청)

1. 호스피스대상환자가 호스피스전문기관에서 호스피스를 이용하려는 경우에는 호스피스 이용동의서(전자문서로 된 동의서를 포함한다)와 의사가 발급하는 호스피스대상환자임을 나타내는 의사소견서(전자문서로 된 소견서를 포함한다)를 첨부하여 호스피스전문기관에 신청하여야 한다. (개정 2018. 3. 27) (시행일 2019. 3. 28)

2. 호스피스대상환자가 의사결정능력이 없을 때에는 미리 지정한 지정대리인이 신청할 수 있고 지정대리인이 없을 때에는 제17조 제1항 제3호 각 목의 순서대로 신청할 수 있다. (개정 2018. 3. 27) (시행일 2019. 3. 28)

3. 호스피스대상환자는 언제든지 직접 또는 대리인을 통하여 호스피스
   의 신청을 철회할 수 있다. (개정 2018. 3. 27) (시행일 2019. 3. 28)
4. 호스피스의 신청 및 철회 등에 필요한 사항은 보건복지부령으로 정
   한다.

제29조 (호스피스전문기관의 평가)

1. 보건복지부 장관은 호스피스의 질을 향상시키기 위하여 호스피스전
   문기관에 대하여 다음 각호의 사항을 평가할 수 있다.
   ① 시설·인력 및 장비 등의 질과 수준
   ② 호스피스 질 관리 현황
   ③ 그 밖에 보건복지부령으로 정하는 사항
2. 호스피스전문기관의 평가 시기·범위·방법·절차 등에 필요한 사
   항은 보건복지부령으로 정한다.
3. 보건복지부 장관은 제1항에 따른 평가결과를 보건복지부령으로 정
   하는 바에 따라 공개할 수 있으며, 지원 및 감독에 반영할 수 있다.
4. 보건복지부 장관은 제1항에 따른 평가업무를 대통령령으로 정하는
   바에 따라 관계 전문기관 또는 단체에 위탁할 수 있다.

제30조 (호스피스전문기관의 지정 취소 등)

1. 보건복지부 장관은 호스피스전문기관이 다음 각호의 어느 하나에 해
   당하는 경우 그 지정을 취소하거나, 6개월 이내의 기간을 정하여 호
   스피스 업무의 정지를 명할 수 있다. 다만, 제1호에 해당하는 경우
   에는 그 지정을 취소하여야 한다.
   ① 거짓이나 그 밖의 부정한 방법으로 지정을 받은 경우
   ② 제25조 제1항에 따른 지정 기준에 미달한 경우
   ③ 정당한 사유 없이 제29조에 따른 평가를 거부한 경우
2. 제1항에 따른 호스피스전문기관 지정 취소의 기준·방법·절차 및
   운영에 필요한 사항은 보건복지부령으로 정한다.

3. 제1항에 따라 지정이 취소된 호스피스전문기관은 지정이 취소된 날부터 2년 이내에는 호스피스전문기관으로 지정받을 수 없다.

## 제5장 보칙

### 제31조 (민감정보 및 고유식별정보의 처리)
관리기관, 등록기관, 의료기관, 중앙센터, 권역별센터, 호스피스전문기관, 담당의사 및 해당 분야 전문의는 이 법에서 정한 연명의료의 결정 및 호스피스에 관한 사무를 수행하기 위하여 불가피한 경우 '개인정보 보호법' 제23조에 따른 건강에 관한 정보 및 같은 법 제24조에 따른 고유식별정보가 포함된 자료를 처리할 수 있다. (개정 2018. 3. 27) (제목개정 2018. 3. 27)

### 제32조 (정보 유출 금지)
관리기관, 등록기관, 의료기관, 중앙센터, 권역별센터 및 호스피스전문기관에 종사하거나 종사하였던 사람은 연명의료중단 등 결정 및 그 이행 또는 호스피스 업무상 알게 된 정보를 유출하여서는 아니 된다. (개정 2018. 3. 27)

### 제33조 (기록 열람 등)
1. 환자가족(이 조에서는 연령을 제한하지 아니한다) 은 보건복지부령으로 정하는 바에 따라 관리기관의 장 또는 해당 의료기관의 장에게 환자의 연명의료중단 등 결정 또는 그 이행에 관한 기록의 열람을 요청할 수 있으며, 이 경우 요청을 받은 자는 정당한 사유가 없으면 사본을 교부하거나 그 내용을 확인할 수 있도록 하여야 한다.

2. 제1항에 따른 기록 열람의 범위와 절차 및 열람 거부 등에 관하여 필요한 사항은 보건복지부령으로 정한다. (시행일 2018. 2. 4)

제34조 (보고 · 조사 등)

1. 보건복지부 장관 또는 관리기관의 장은 연명의료중단 등 결정의 이행 또는 호스피스 등과 관련하여 필요하다고 인정하는 경우 등록기관 또는 의료기관의 장 및 그 종사자에게 그 업무에 관하여 필요한 명령을 하거나, 보고 또는 관련 서류의 제출을 명할 수 있다.

2. 보건복지부 장관 또는 관리기관의 장은 제1항에 따른 관련 서류 등을 관계 공무원에게 조사하게 할 수 있다. 이 경우 조사를 담당하는 관계 공무원은 그 권한을 표시하는 증표를 지니고 이를 내보여야 한다.

3. 등록기관 또는 의료기관의 장 및 그 종사자는 제1항 및 제2항에 따른 명령 · 조사에 정당한 사유가 없으면 응하여야 한다.

제35조 (청문)

보건복지부 장관은 다음 각호의 어느 하나에 해당하는 처분을 하고자 하는 경우에는 청문을 하여야 한다.

1. 제13조에 따른 등록기관의 지정 취소

2. 제30조에 따른 호스피스전문기관의 지정 취소

제36조 (유사명칭의 사용금지)

이 법에 따른 관리기관, 등록기관, 중앙센터, 권역별센터 또는 호스피스전문기관이 아니면 국립연명의료관리기관, 사전연명의료의향서 등록기관, 중앙호스피스센터, 권역별호스피스센터, 호스피스전문기관 또는 이와 유사한 명칭을 사용하지 못한다. (개정 2018. 3. 27)

제37조 (보험 등의 불이익 금지)

이 법에 따른 연명의료중단 등 결정 및 그 이행으로 사망한 사람과 보험금수령인 또는 연금수급자를 보험금 또는 연금급여 지급 시 불리하게 대우하여서는 아니 된다. (시행일 2018. 2. 4)

제38조 (연명의료 결정 등 비용의 부담)

제10조에 따른 연명의료계획서 작성, 제16조에 따른 임종과정에 있는 환자인지 여부에 대한 판단 및 제28조에 따른 호스피스의 신청을 위한 의사소견서 발급 및 호스피스의 이용 등에 따른 비용은 '국민건강보험법'에서 정하는 바에 따른다. 다만, '국민건강보험법'에서 규정하지 아니한 비용은 보건복지부령으로 정하는 바에 따른다.


## 제6장 벌칙

제39조(벌칙)

다음 각호의 어느 하나에 해당하는 자는 3년 이하의 징역 또는 3천만 원 이하의 벌금에 처한다. (개정 2018. 3. 27)

1. 삭제 (2018. 3. 27)
2. 제20조 각호에 따른 기록을 허위로 기록한 자
3. 제32조를 위반하여 정보를 유출한 자

제40조(벌칙)

1. 다음 각호의 어느 하나에 해당하는 자는 1년 이하의 징역 또는 1천만 원 이하의 벌금에 처한다. (개정 2018. 3. 27)

   ① 제11조 제1항을 위반하여 보건복지부 장관으로부터 지정받지 아니하고 사전연명의료의향서의 등록에 관한 업무를 한 자

   ② 임종과정에 있는 환자에 대하여 제17조에 따른 환자의 의사 또는 제18조에 따른 연명의료중단 등 결정에 반하여 연명의료를 시행하지 아니하거나 중단한 자

2. 제20조 각호에 따른 기록을 보존하지 아니한 자는 300만 원 이하의 벌금에 처한다.

## 제41조 (자격정지의 병과)

이 법을 위반한 자를 유기징역에 처할 경우에는 7년 이하의 자격정지를 병과할 수 있다.

## 제42조(양벌규정)

법인의 대표자나 법인 또는 개인의 대리인, 사용인, 그 밖의 종업원이 그 법인 또는 개인의 업무에 관하여 제39조 또는 제40조의 어느 하나에 해당하는 위반행위를 하면 그 행위자를 벌하는 외에 그 법인 또는 개인에게도 해당 조문의 벌금형을 과한다. 다만, 법인 또는 개인이 그 위반행위를 방지하기 위하여 해당 업무에 관하여 상당한 주의와 감독을 게을리하지 아니한 경우에는 그러하지 아니하다.

## 제43조(과태료)

1. 다음 각호의 어느 하나에 해당하는 자에게는 500만 원 이하의 과태료를 부과한다.

    ① 제14조 제1항을 위반하여 윤리위원회를 설치하지 아니한 자

    ② 제19조 제5항을 위반하여 연명의료중단 등 결정의 이행 결과를 관리기관의 장에게 알리지 아니한 자

2. 다음 각호의 어느 하나에 해당하는 자에게는 300만 원 이하의 과태료를 부과한다.

    ① 제11조 제3항을 위반하여 업무 수행 결과를 기록 · 보관 또는 보고하지 아니한 자

    ② 제34조 제3항에 따른 명령에 정당한 사유 없이 응하지 아니한 자

3. 다음 각호의 어느 하나에 해당하는 자에게는 200만 원 이하의 과태료를 부과한다. (개정 2018. 3. 27)

    ① 제11조 제5항 및 제26조를 위반하여 폐업 또는 휴업 등의 변경 사항을 신고하지 아니한 자

    ② 제11조 제6항 및 제13조 제3항에 따른 기록이관 의무를 하지 아

니한 자

③ 제36조를 위반하여 국립연명의료관리기관, 사전연명의료의향서 등록기관, 중앙호스피스센터, 권역별호스피스센터, 호스피스전문기관 또는 이와 유사한 명칭을 사용한 자

4. 제1항부터 제3항까지의 규정에 따른 과태료는 대통령령으로 정하는 바에 따라 보건복지부 장관이 부과·징수한다.

## 부칙 (법률 제14013호, 2016. 2. 3)

### 제1조 (시행일)

이 법은 공포 후 1년 6개월이 경과한 날부터 시행한다. 다만, 제9조부터 제20조까지, 제25조 제1항(의료기관 중 요양병원에 관한 사항에 한정한다), 제31조, 제33조, 제36조, 제37조, 제39조 제1호·제2호, 제40조, 제43조 제1항 및 같은 조 제2항 제1호·제3항 제2호는 공포 후 2년이 경과한 날부터 시행한다.

### 제2조 (다른 법률의 개정)

암관리법 일부를 다음과 같이 개정한다.

제2장 제4절 (제20조부터 제26조까지) 을 삭제한다.

제48조 중 '제19조 제4항 및 제26조 제1항'을 '제19조 제4항'으로 한다.

### 제3조 (다른 법률의 개정에 따른 경과조치)

이 법 시행 당시 종전의 「암관리법」에 따라 완화의료전문기관으로 지정을 받은 자는 이 법에 따라 호스피스전문기관으로 지정을 받은 것으로 본다. 다만, 이 법 시행일부터 1년 이내에 이 법에 따른 요건을 갖추어 제25조 제1항에 따라 지정을 받아야 한다.

**부 칙 (법률 제15542호, 2018. 3. 27)**

이 법은 공포한 날부터 시행한다. 다만, 제2조 제3호·제4호·제6호·제7호, 제16조 제2항, 제23조 제1항 제5호, 제24조 제1항 제4호, 제25조 제1항, 제27조 제1항 및 제2항, 제28조〔제1항의 개정규정 중 '이용동의서'(전자문서로 된 동의서를 포함한다) 및 '의사소견서'(전자문서로 된 소견서를 포함한다)에 관한 부분은 제외한다〕의 개정규정은 공포 후 1년이 경과한 날부터 시행한다.

**부 칙 (법률 제15912호, 2018. 12. 11)**

이 법은 2019년 3월 28일부터 시행한다.

**부 칙 (법률 제17218호, 2020. 4. 7)**

이 법은 공포한 날부터 시행한다.

# 참고문헌

## 단행본

구상엽, 《장애인을 위한 성년후견제도》, 경인문화사, 2015.

김웅철, 《초고령사회 일본에서 길을 찾다》, 페이퍼로드, 2017.

김준호, 《민법강의》, 법문사, 2016.

박민제, 《가족끼리 왜 이래》, 동아시아, 2018.

박은수, 《나는 눈물나는 해피엔딩이 좋다》, 디자인하우스, 1997.

_____, 《알고 이용하자! 성년후견제도》, 나남, 2012.

배정식, 《신탁 상속》, 브렌즈, 2012.

_____ 외, 《신탁의 시대가 온다》, 타커스, 2019.

법무법인 율촌, 《율촌 20년》, 법무법인 율촌, 2018.

법무부, 《2013년 개정 민법 자료집》, 법무부, 2012.

법원행정처, 《성년후견제도 해설》, 법원행정처, 2013.

_____, 《후견사건 처리 실무》, 법원행정처, 2015.

사법정책연구원, 《성년후견제도의 운영에 관한 연구》, 사법정책연구
        원, 2017.

이준우 외, 《노후생활설계》, 파란마음, 2011.

이현곤, 《성년후견제도의 이해와 활용》, 법률신문사, 2015.

최상태 외, 《시니어시프트》, 한국경제신문, 2018.

최재천, 《최재천 변호사의 상속설계》, 폴리테이아, 2018.

## 논문

구상엽, "개정 민법상 성년후견제도에 대한 연구", 서울대 대학원 박
　　사학위 논문, 2012.

박은수, "법인후견의 실무상 애로점과 개선책", 제5회 온율 성년후견
　　세미나 자료집, 2017.

박인환, "한국의 의사결정능력 장애인 권익보호의 새로운 흐름", 정
　　신장애인의 사회통합을 위한 국제포럼 자료집, 2017.

배광열, "한국 성년후견제도에 있어서 후견대체제도", 성년후견학회
　　자료집, 2015.

제철웅, "고령자 장애인을 위한 집합특별수요신탁제도의 입법 제안",
　　특별수요신탁제도 도입을 위한 국제포럼 자료집, 2018.

# 찾아보기

# 지은이 소개

## 박은수

1956년 가을 대구에서 태어나 1975년 대구 계성고를, 1979년 서울대 법대를 졸업했다. 1980년 22회 사법시험에 합격하고 12기 사법연수원을 우수하게 수료했으나, 신체장애를 이유로 법관 임명이 거부된 바 있다. 이 사건을 해결하여 판사가 되면서부터 장애인인권운동에 앞장서 왔다.

2004년 노동부 한국장애인고용공단 이사장으로 취임하여 탁월한 성과로 연임했다. 2008년 비례대표 국회의원이 되어 장애인연금법 제정, 민법 개정(성년후견제 도입) 등 장애인 권리확대 입법에 큰 역할을 했다.

2010년 강남대에서 "장애인연금법 제정과정 연구"로 사회복지학 박사학위를 받았다. 법무법인 율촌에서 '공익법인 온율' 설립을 주도하고 로펌 공익활동을 이끌었다. 2017년 한국후견협회 설립을 주도한 후, 2018년 세계성년후견대회를 성공적으로 마치고, 현재 한국후견협회 부회장으로 봉사하고 있다.

저서로《나는 눈물나는 해피엔딩이 좋다》(1997),《장애인 소득 보장론》(2011),《알고 이용하자! 성년후견제도》(2012) 등이 있다.